# 売れる「商品ブランディング」の教科書

著
森 孝幹
レガングループ代表

監修
一般財団法人
大阪デザインセンター

SE
SHOEISHA

売れるヒット商品を作りたい。

愛される商品ブランドを育てたい。

ブランディングを、ちゃんと学びたい。

ブランディングをデザインに生かしたい。

そんなあなたの気持ちにお応えします。

◎主題を「商品ブランディング」としていますが、
「商品」を「サービス」と読み替えていただくと、
「サービスブランディング」にもなります。
（一部、サービスではない箇所もありますが、
そのあたりはご容赦くださいませ）

今や「商品ブランディング」は、

メーカー、デザイナーはもちろん、

あらゆるモノづくりに関わる人にとっての

「必須科目」です。

**ちょっと前置き**

本書では **「商品ブランディング」** と **「ブランディング」** を下記の通り使い分けています。

- **「商品ブランディング」** =「商品」を「ブランド」にすること
- **「ブランディング」** =「企業、商品／サービス」など様々なモノやコトを、「ブランド」にすること

「ブランディング」の本はたくさんあるし、

ネット検索すると多くのページが見つかるでしょう。

分かっているつもりだけど、

実はよく分かっていない、

自分のやり方が正しいのかどこか自信がない、

そんな人が多いのではないでしょうか。

「商品ブランディング」は何をすればいいのか、

本書でその謎を解き明かしていきましょう。

**こんな人たちにオススメの本です。**

- メーカー企業（B to C、B to B 共に）
- 行政・大学・専門学校・NGO・NPO
- 広告代理店
- コンサルティング会社
- ブランディング会社・デザイン会社

そして、上記への就職を目指す学生にも！

売れる「商品ブランディング」の教科書

# 各章の概要ご紹介

## ＼基本編／

まずは
ここから！

### 1章 基本の10ステップ

商品の“個性”を見つける「DNA」、
“個性”からストーリーを作る「VISION」、
パッケージなどの「DESIGN」、
ブランドへの成長を促す「MANAGEMENT」、
この4段階の中にある10ステップを紹介します。

DNA
＋
VISION
↓
DESIGN
↓
MANAGEMENT

### 2章 体制作りと戦略

社内体制、商品魅力の加速、
パッケージデザイン、オウンドメディア戦略、
この4つの視点でブランディング戦略を
紹介します。

社内体制
商品魅力の加速
パッケージデザイン
オウンドメディア戦略

### 3章 パッケージデザイン

商品ブランディングを可視化する
パッケージデザインの作り方を紹介します。
パッケージは「神カキクケコ」で作ります。
(3章に詳しく書きます)

神カキクケコ
って何？

## ＼ 事例集 ／

### 4章 ヒット商品分析

基本編の理解を深めるため、
B to Cに、B to B、新商品にリニューアル、
PB商品まで、17の事例を紹介します。

B to C　B to B　新商品　PB商品　リニューアル商品

## ＼ 応用編 ／

### 5章 リブランディング

ここ、
大切です！

売り上げの減少や経過年数からではなく、
商品の成長段階に合わせて考える、
リブランディングのポイントを紹介します。

初リニューアル　ロングセラー化　カテゴリー制覇　海外展開　人気商品の復活

いい話が
満載です！

## ＼ 特別編 ／

ワクワク！

### 6章 日本と世界のブランディング

世界のクリエーターへのインタビュー、そして「特許庁」と「国際交流基金」の特別寄稿から、日本でブランディングに携わるプロたちの"あるある"話まで、読む、感じる、日本と世界の「商品ブランディング」NOW！

## 今日から仕事に使える80のヒントをご紹介します！

商品ブランディングについて理解が深まり、
仕事に生かせる考え方や手法、手がかりなど
80の項目でご紹介します。

序章 「ブランディング」って何だろう？

02

# ブランディングは必須科目？

今は「○○ブランディング」というサービスが多くあり、自分でやらなくても大丈夫、なんて思うかもしれませんが……。商品を一番理解するメーカー、その商品を魅せるディレクターやデザイナーが、ブランディングを学ぶことはとても大切です。これからの商品チームは、ブランディングについての共通認識が必須になります。

聞きたいことがあります！　ブランディングってどこから始めればいいですか？

いい質問ですね。まずは商品の個性を見つけることから始めましょうか。

個性を見つけるって、改めて言われると難しいかも。

ご購入者さま特典「商品価値の価値化シート」が以下よりダウンロードできます
https://www.shoeisha.co.jp/book/present/9784798183947

売れる「商品ブランディング」の教科書

# 目次

本書掲載の商品やパッケージデザインなどの情報は、
2024年11月現在のものです。



## コラム「ブランディングのあ・い・う・え・お」

基本編

# 1章 基本の10ステップ ～商品の魅力を引き出す～



基本編

# 2章 体制作りと戦略 ～ブランディングを生かす～

基本編

## 3章 パッケージデザイン
～商品価値を最適化して伝える～

＼事例集／

## 4章 ヒット商品分析
## 〜ストーリー、データ、パッケージメソッドから学ぶ〜

応用編

# 5章 リブランディング
## ～リニューアルへの挑戦と視点～

特別編

## 6章 日本と世界のブランディング ～ブランド作りの現場と、行政視点のメッセージ～

### 特別インタビュー（アメリカ・タイ・シンガポール）



### 特別寄稿



### 特別企画



## 終章 「？」を「！」に

## はじめに

監修：一般財団法人 大阪デザインセンター［ODC］
事業推進部 シニアプランナー／プロデューサー　石川佳名子

# 「ブランディング」と聞いて、どんな印象をお持ちでしょうか。

「絶え間なく新商品を生み出していたら、同じような商品が出てきた」

「商品には自信がある。一度使ってくれたら良さが分かるのになかなか売れない」

こういった声は非常に多く、本書を手に取られた皆さまも思い当たる節があるのではないでしょうか。では、どうすればいいのか？という質問への回答の候補として、ブランディングすることを挙げます。

ブランディングって、時間もコストもかかる上に効果も不明瞭でしょ、なんとなく格好良く見せる技術でしょ。そう思われている方にこそ、本書を読んでいただきたいです。商品ブランディングは、あなたの商品の可能性を引き出すお手伝いをしてくれます。

私たち大阪デザインセンターは、「デザイン」を軸とした、企業と人と情報を結び付ける活動を続けています。様々な企業からデザインに関する相談が日々寄せられていて、パンフレットやウェブサイトのリニューアル、店舗デザイン、新商品開発など多種多様です。幅広く対応できるのは60年以上の歴史の中で、それぞれ専門分野のプロフェッショナルや行政機関などと良好なパートナーシップを築いてきたからです。

その中で「ブランディングがしたい」というお声も増えてきました。その心づもりでヒアリングしますと、ブランディングではなくパッケージだったりします。

もちろん、パッケージもブランディングの要素の一つです。しかし、この場合、大抵「パッケージのデザインを統一すること」という認識でいらっしゃいます。これでは失敗するのが目に見えています。

時間とお金をかけたけど全然売れなかった、ブランディングって難しい。そんな誤解や、ブランディングに興味はあるけど、よく分からない……という方に、なるほど！やってみよう！と思ってもらえる本があるといいな。そんなことを考えていました。

そうこうしているうちに、翔泳社様とのつながりができました。本を出版するという機会を得て、ディレクターをどなたに依頼しようか、迷いに迷いました……と言いたいところですが、すぐにパッと頭に浮かびました。レガングループの森様です。ブランディングの実績が豊富なのはもちろんですが、そのコミュニケーション能力の高さからです。

よく分からないことを、分かりやすく説明するには、相手をおもんぱかることが大切です。しかも今回は私の思いも入って、ややこしくなっています。

実は、デザイナーはデザインワークをするだけではありません。あれやりたい、これやりたい。ここに困っている。理由は分からないけど、つまずいている。そんな雑多なことを整理し、意図をくみ取る力を持っています。本書でも森様に存分に力を発揮していただきました。ご期待ください。

ブランディングには種類がありますが、今回は「商品ブランディング」に焦点を当てました。どんなに良い商品であっても、その価値や魅力が認知されていないと埋もれてしまいます。「2024年度版ものづくり白書」によりますと、2023年の製造業の就業者数は1055万人。全産業に占める割合は、15.6%と約6.4人に1人となります。「どうして売れないのか?」と、お悩みの方も多いかと思います。「商品ブランディング」を学ぶことで解決の糸口が見つかるかもしれません。

そんなこんなで、私の妄想から始まった本です。ぜひ、ご興味のあるところからご覧いただき、やってみよう！と思ってもらえたらうれしいです。

関西における産業デザインの中心拠点。“デザイン”を軸として人と企業と情報を結ぶODC

著者：レガングループ代表（デザインフォース・ボンドクリエイティブ）
ブランドディレクター　森 孝幹

# ブランディングは「人と人をつなぐ仕事」

企業にも商品にも「ブランディング」が必要だといわれる時代です。
「アートディレクター」が広まり「デザイン思考」がイノベーションを起こす今。私たちの未来をより良くしてくれる「ブランディング」とは何か、その根本を知って、仕事に生かして楽しみましょう。

私がブランディングやパッケージの仕事を始めたのは、先輩たちの言葉がきっかけ。最初は新卒入社の建築デザイン会社です。“かっこいい”や“近未来的”が良い建築だと思っていた私は「人が交わり愛着が持てる街や建物づくり」が建築の外せない基本だと教わりました。転職先の出版社では「デザイン自体の良しあしも重要だけど、どうすれば見る人に伝わるか、その人の心が動くかを考えて」と。最後は、独立前後にお世話になった広告代理店顧問から「未来はブランディングで会社や商品が変わり人が動く時代になると思うから、ブランディングと商品パッケージに注力してください」とご指導いただきました。

そんな先輩たちの言葉から、人と人をつなぐ「ブランディング」と「デザイン」で企業や商品の価値づくりに挑戦するために「DESIGN FORCE」を大阪で創業。当初は自分が関心ある企業や商品にフォーカスして、「パインアメ」、「アップリカ」、「コクヨ」などの仕事に没頭しました。海外案件やメーカーの依頼も増えてきて「BOND CREATIVE」を東京に設立。“BOND”は「くっつける、信頼・保証」。くっつける＝つなぐことや信頼の意味があって、ブランディングにピッタリです。その後は、ブランディングと海外展開の強化を軸に小さなチームをグループ化するため、東京に「Regan」を設立してレガングループが誕生します。

創業からあっという間の25年、一つ一つの商品をクライアントとスタッフと共に懸命に考え抜いて人と人をつないできたことが、私の喜びと誇りです。

私は、企業や商品のブランディング、そしてパッケージデザインの仕事をライフワークとして注力してきました。たくさんの成功を導いた裏にはいくつもの失敗があり、悩みながらも楽しく、日々新しいチャレンジに取り組んでいます。

そんな中、2023年初夏に、大阪デザインセンターの石川さんから本書執筆のご相談を頂きました。大学の授業や企業セミナー、雑誌への寄稿はありますが、「なぜ大阪デザインセンターさんが本を？　なぜ私に執筆を！？」と驚きました。内海専務や石川さんはもちろん、大阪デザインセンターの皆さまは、いつも真摯でフレンドリー、デザインの力で社会をより良くしていこう、デザイナーと企業双方に寄り添い経済の発展に貢献しよう、という情熱をお持ちです。そんな気持ちにお応えしたく、私の経験が役に立つのなら、とお引き受けしました。

最近では、「ブランディングに取り組みたい」メーカーや、「ブランディングを理解してパッケージデザインに生かしたい」デザイナーが増えています。ブランディングに関する書籍やウェブサイトの中には、ブランディングを部分的に捉えていたり、前提条件が記されていないなど、「ブランディングの入り口や体制」を理解することが難しいこともあります。それらを解決するために本書は、普通のブランディング本とは少々異なるアプローチになりますが、初めて「ブランディング」を始める人も取り組みやすいように構成しています。私の数々の失敗から学んだ重要な「仕事に使える80のヒント」も詰め込んでいます。

皆さんの大切な商品が、日本で愛され世界へ広がっていく過程において、この本が少しでもお役に立つことを願って書きます。

皆さんが商品を通じて新しい誰かとつながっていけますように。

「記憶になる」ブランドを

日本へ世界へ

## 商品ブランディング、その前に。

# ロングセラー商品はブランディングしていた？

**「昔からのロングセラー商品は、商品ブランディングなんて特にしていなかったのでは？」いいところに気付きましたね。数十年前までは、商品ブランディングなんて言葉も概念も、あまり浸透していませんでした。**

ではどうやってロングセラー商品が育ったのか。「昔は競合も少なく、市場も今みたいな過当競争ではなかった」「社会構造の変化や経済成長が背景にあった」「より良い暮らしや新しいものへの興味関心が高かった」……等、確かにそんな理由も一理あると思いますが、それだけでは、年月を経ても多くの人に愛され続けるロングセラー商品にはなれません。

振り返ってみると、ロングセラーを生み出した企業にはブランディングという言葉はなくても、ブランディングの重要な要素である「統一性」や「一貫性」は意識されていたと言えます。昭和の日本企業では、上意下達いわゆるトップダウンで社員が一丸となり、情熱を持ってモノづくりをしていました。良い結果が出ると「前例」として踏襲し、リソースを集中させることも通常でした。これがロングセラーを生む背景にあったと思います。

それでは、未来のロングセラーを生むためにどうすればよいのか。今の時代に合う「売れる商品ブランディング」のために、知っておきたい知識とヒントを学んでいきましょう。

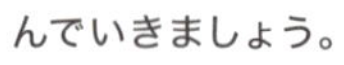

# 序章

# 「ブランディング」って何だろう?

## 本書で商品ブランディングを共に学ぶ
# 仲間のご紹介

「自分ゴトとして感じてもらうために」本書では各章にマンガページがあります。本書に出てくるマンガの登場人物は、皆さんと商品ブランディングを学ぶ仲間！
登場人物3人をご紹介します。

ブランディングとパッケージデザインを追求して25年、ブランドディレクター

## ヒビキ

“ブランド”を作る楽しさとその価値に没頭。一人でも多くの人と共有したく学校や企業でのセミナーやワークショップにも注力している。世界一周うまいご飯の旅！を計画中で、うまいご飯を一緒に食べる友人を世界各地に作ることが夢。

雑貨メーカーの営業から
キャリアチェンジした
食品メーカーの商品部リーダー

## サラ

インテリア雑貨から食品へ。食べることが大好きで新しい"食"の在り方を作りたい気持ちから食品メーカーに転職。社交的でリーダー気質。マイは大学時代からの友人で、インカレのダンスサークル仲間。

理系出身で
化粧品メーカーの研究所スタッフ

## マイ

仕事と実益を兼ねての化粧品オタクで美白は神！が信条。化学式を見ることが好きで研究一筋。誰かの役に立ちたい気持ちから中高はバスケ部のマネージャー。
推し活に夢中な一面もある
自他共に認める頭脳派。

商品ブランディングリーダーへの道！
商品部で
最初の仕事が
商品ブランディングの
リーダーって……
ハァー
何から
手をつければ
いいんだろ……
そうだ！
たしか、マイの
伯父さんがそんな
仕事してなかった？
LINE
してみよ~
＜マイ
マイの伯父さんに
ブランディングの
仕事してる人いなかった？
仕事からすればいいのか
何からすればいいのか
相談したくて……
既読
いるいる！　連絡してみるね！
「商品ブランディングなら任せて！」
だって!!　よかったね!!
やった！
返信
早っ！

翌日……
CAFE
こんにちは！ ヒビキです
商品ブランディングのリーダーですが
素晴らしい経験になりますよ
営業からの転職が大変みたいで…… サラをよろしくお願いします！
何をすればいいのかわからなくて…… ぜひ教えてください！
そうですね 営業だったなら何が売れるとか肌感もあると思いますし
商品ブランディングを始めるには良い経験値ですよ
そうなんですか！ 営業経験を生かせるんですね！
商品ブランディングは難しいかもって思い込んでいました
やりがいありそう！

# ブランディングは必須科目？

02

今は「○○ブランディング」というサービスが多くあり、自分でやらなくても大丈夫、なんて思うかもしれませんが……。商品を一番理解するメーカー、その商品を魅せるディレクターやデザイナーが、ブランディングを学ぶことはとても大切です。これからの商品チームは、ブランディングについての共通認識が必須になります。

聞きたいことがあります！　ブランディングってどこから始めればいいですか？

いい質問ですね。まずは商品の個性を見つけることから始めましょうか。

個性を見つけるって、改めて言われると難しいかも。

個性とは“魅力”や“らしさ”のことですよ。商品の“魅力”や“らしさ”をつくって、育て、再生させる、全てがブランディングです。

つくって、育てて、再生まで……。商品と共にある、って感じですね！

ブランディングはある意味、子育てのようなもの。愛情を持って育てていくと成長し、やがて自立して、みんなに愛される「ブランド」になっていくのです。

# 商品の“魅力”や“らしさ”の可視化

商品の個性を作り、パッケージ含め様々なメディアをデザインして、唯一無二の価値ある存在に育てるのが「ブランディング」です。

人気の飲食店でたとえてみましょう。星付き高級店、B級グルメ、SNS映えカフェなどタイプは様々でも、行列ができるほどの人気店は、「あのお店と言えば○○！」と特長が一言で話せるはず。そんな個性（“魅力”と“らしさ”）が強いお店は気になりますよね……。そしてファンがつくお店は、味（おいしさと独自性）、しつらえ（内装や食器など）、人（料理人やサービスの人たち）、ストーリー（独自のこだわりや心に響く物語、共感）という4点のバランスも取れているのではないでしょうか。

同様に、商品がブランドになるためにも、これら「四位一体」が必要なのです。　商品に置き換えると「製品」「ネーミング・ロゴ」「パッケージデザイン」「オウンドメディア」という感じです。

製品の個性。ネーミングやパッケージのインパクト。共感できるストーリーをターゲットに伝えるメディア。これらが相まって商品の価値を高めます。届けたい人たち＝ターゲットの心に響く共感を作り、商品の未来を描く。するとその商品ならではの唯一無二の価値が生まれます。本書では、ブランディングの結果として商品が「売れる」ために必要なことをご紹介していきます。

# 03 ブランディングは記憶作り？

英語の「brand」は、古代北欧の牛に焼き印をつける「brandr（ブランドル）」がルーツ。古代北欧では、放牧されている自分の牛を他の牛と区別するために、牛に焼き印を付けたといわれています。視覚情報から来る記憶を利用して、「区別すること」は、数千年前からの人類の知恵なのです。

サラ

ブランドって言われると、やっぱり高級ブランドですよね！　憧れのブランドバッグにときめきます。持つだけで女優になったようで気分が上がります！

ヒビキ

そうですね、高級ブランドのバッグはイメージが広がりますよね。ところで、お二人はブランドってどこにあると思いますか？

マイ

どこって……。商品やロゴマークがブランドですよね？

ヒビキ

ブランドは人々の心の中にあります。普段コンビニに行くとき、あれ買ってこれ買ってと、商品自体や使用したシーンが頭に浮かんでいるはず。それこそがブランドです。

サラ

なるほど！ブランドは、私の心にたくさんあります。これが私のショッピング欲を刺激するんですね！

## 感覚や感情を刺激する体験が「記憶」を作る

私たちは「松坂牛」「神戸ビーフ」などの「ブランド牛」といえば、「霜降り」「おいしい」「食べたい」などをイメージします。それは以前食べたときや、おいしそうな口コミ情報を見たときの「あのおいしい牛」という感覚や感情を伴う体験の「記憶」があるから。ブランド牛であれば高い品質が保証されているとイメージするのです。

諸説ありますが、「ブランド」の起源は、古代北欧で、放牧した牛に焼き印を押したことと言われています。当時の牛は貴重な財産で労働力ですから、焼き印は他人の牛と紛れないよう所有権を示すためのものでした。その後、長い年月を経て「ブランド」という言葉は他と区別することに加えて、品質も保証し、魅力的なイメージと記憶を想起させるものになっていったのです。

世の中にあらゆる商品があふれる現代では、「良い商品」というだけではなかなか売れませんが、「ブランディング」ができていれば、輝く未来も見えてきます。

日本の商品は、日本品質とも称される品質への信頼があります。絶頂を極めていたバブル期の日本の商品は、この特性が生きた時代の一つだと感じます。その時代は「新しい機能を持つ商品」や「高品質な商品」を作って、企業ロゴ、商品ロゴ、スローガンをしっかりと打ち出して、そして広告やCMを多く出す、が王道でした。それら全てが「記憶」につながり、「日本」商品全体がブランドになり、よく売れていました。

**全ては、商品を「記憶」へつなぐためにブランディングがある**、といっても過言ではありません。その後も、ブランディングは進化しています。

04

# ブランディングはデザインじゃない？

「デザイン」は、ラテン語の「designare」が語源といわれています。この言葉は「示す」や「描く」という意味。何を「示し」何を「描く」か、がデザインで、その元になる「何を」が、ブランディングです。「デザイン」は、ブランディングの集大成として人と人をつなぐコミュニケーションを可視化します。

ヒビキ

ブランディングとデザインの「役割とできること」に分けて考えましょう。

サラ

ブランディングの役割は「記憶」作りで、できることは共感を導くこと！デザインはロゴやグラフィックで記憶を……。あれ？

ヒビキ

学校では勉強しない内容なので難しいですよね。百聞は一見にしかず、右ページの図で見てみましょう。

サラ　マイ

こうだったのか……。これなら分かりやすいし学校で習いたかったです。

ヒビキ

「ブランディング」と「デザイン」は語源からひもとくと別物ですが、関係は大いにあります。それぞれの役割とできることから見てみましょう。

# ブランディングの中にあるデザイン

**ブランディング**

役割：商品を「ブランド」に育てること

“魅力”や“らしさ”を言葉やビジュアルで表現して商品の「ブランド」への道をサポート

できること：商品の“魅力”や“らしさ”をターゲットの心に「記憶」されるように促すこと、そして、商品が「ブランド」に成長していく未来を描くこと

**デザイン**

役割：ブランディングから導き出される商品の“魅力”や“らしさ”の可視化

できること：商品の“魅力”や“らしさ”を表現して、ターゲットの感覚や感情を刺激してターゲットとのコミュニケーションをつくること

私はよく聞かれます。「結局は、ブランディングってロゴマークやネーミングのことだよね。あと、デザインを統一する、ってことも」。それらはブランディングの一部であって、ブランディング＝デザインではないことがお分かりいただけるとうれしいです。

**デザインは、ブランディングの重要な成果ですが、デザイン自体がブランディングではない、**と覚えてください。

経営資源は「人・モノ・カネ・情報」と言われますが、左の4つにプラスして「ブランディング」を入れた5つを経営資源と考えると、商品の未来が大きく変わってきます。

# 05 ブランディングは商品価値が上がる?

**ブランディングは、商品特徴の“魅力”や“らしさ”=「個性」を発見し、言葉やビジュアルで、ターゲットに響くように可視化すること。この可視化から商品の個性が伝わり、ターゲットの記憶になり、知らない商品から知っている商品になって、「売れる」。「ブランディング」は、商品価値を上げるのです。**

サラ

商品の価値って、そもそも商品が持っているものではないのですか?

ヒビキ

もちろん、商品の価値は商品にあります。しかし、その価値は商品を見ただけで、ターゲットの人たちに、一目で、ちゃんと、伝わるのでしょうか?

サラ

一目か……。確かに、すぐに分かる商品はパッケージを見るだけで興味が湧きます。逆に、分かりにくいと、すぐに関心がなくなります。

ヒビキ

そこです! 興味が出る商品は、そのパッケージから“魅力”や“らしさ”を感じるはずです。一人ずつに商品の価値を説明できない現代だからこそブランディングで伝える!

マイ

“魅力”や“らしさ”を感じるから「いいな!」って感じるんだ。分かりやすく伝わるか、伝わらないか、そこが商品にとっての「運命の分かれ道」になるんですね。

ヒビキ

まさに運命です。ターゲットの人たちが、心地よく理解してくれるように促すためには、言葉もビジュアルもストレートな表現だけでは、うまくいかないでしょう。

サラ

商品に価値はある、その価値を分かりやすく紹介するのがブランディングですね!

## 見えにくい、伝わりにくい価値を可視化する

商品を人に例えてみましょう。学校や会社などで、外見やテストの点数や役職などの情報で誰かのことを聞いた時、あなたの心に響きますか？　その人の出身地や生い立ち、将来の夢や、得意なことや苦手なこと、「個性」を感じる出来事など、それらの**何かが心に響くから、その人への興味や関心が湧く**のではないでしょうか？　人の本質的な価値は変わらなくても、心に響いたからこそ、その人の価値は上がってきませんか？　これは、ブランディングで商品価値を上げる、ということと同じです。

また、紹介の仕方一つで、相手が受け取る印象は随分変わりますよね。ブランディングは、商品の価値を伝えたいターゲットとコミュニケーションを取るためにあります。商品は、それぞれに“魅力”や“らしさ”があります。そこに気付いて、ほれ込んでもらい、末永く付き合ってもらうために、**ターゲット視点で、何をどのように伝えると、最適にコミュニケーションが取れるかを考えて、商品の個性を作り上げていく**、これがブランディングです。

ブランディングから商品は売れて、ブランドへの道を歩み出す、だから、商品の価値を上げることになります。商品だけではなく、カテゴリーやターゲットの動向、社会、流行などを観察しながら、ブランディングで商品の価値を上げていきましょう。

魅力や“らしさ”が価値を上げる！

06

# ブランディングは終わらない物語？

情報化社会にあって、多様化が進む商品は「記憶」されるか否かこそ運命の分かれ道。先週コンビニで買ったチョコレートのお菓子が、どんな商品名でどんなパッケージだったかを思い出せないと、継続購入の機会を失い、もちろん「口コミ」も生まれにくいでしょう。

研究所で「ヤクルトレディ」からよく買います。集中したい日は「ヤクルト400W」や「Yakult（ヤクルト）1000」を買ったり。あっ、リニューアルされた商品も気になって買ってしまいます！

私もコンビニでパッケージがリニューアルされた商品を見つけると、反射的に買ってしまいます。何か変わったの、とか、このパッケージ好き、とか興味が湧きます。

商品は定期的にリニューアルされます。なぜだか分かりますか？

はーい！　時代やターゲット層の生活変化に合わせるため、ではないでしょうか。

正解です。つまり、商品ブランディングは商品の誕生の時だけではなく、その後もずっと続けていかなくてはいけません。

ブランディングは一度やってしまえば完了、ではないのですか!?

商品が永続していくためには、時代の変化に合わせてブランディングも続けていく必要があります。終わりがあるとすれば、その商品が世の中から消える時ですね。

商品が消える時……そこを回避するためにも、商品ブランディングにしっかりと取り組みたいと思います！

## 「鮮度を保ち続ける」ことが大切

商品の“魅力”や“らしさ”をブランディングで可視化する=パッケージ自体やロゴや色の記憶が、商品を食べる、使う、利用するシーンと重なって、商品体験の記憶になります。これが商品ブランディングの始まりです。

**ブランディングが生み出す商品の成長は人間の成長に似ています**。幼い頃はまだ何者であるかが見えにくいけれど、年を重ねるにつれて唯一無二の心身へと成長していき、いずれ個性がある花を咲かせていく、この過程を支えていくのがブランディングです。

人と違って、商品は寿命がないことから「ブランディング」にも終わりがありません。「変えないこと」と「変えていくこと」の選択次第で、100年を超えて愛され売れ続けているブランドが日本にはたくさんあります。

日本は創業100年200年超えの企業が多いことで有名です。例えば「養命酒製造」は、創業1600年頃[1)]とのことで400年を超えて愛される商品を作り続けていますし、4章で紹介する「神宗」は、創業1781年[2)]で創業250年を迎えようとしています。いずれも今のブランディングに通じる、**商品の“魅力”や“らしさ”の可視化を追求し続けて、時代に合う鮮度を保ってきた**からこその長寿企業なのではないでしょうか。

1) 養命酒製造 沿革 https://www.yomeishu.co.jp/company/outline/history.html
2) 神宗 沿革 https://kansou.co.jp/about/history/

07

ブランディングの

# あ ブランディングは人を集める！

**こんなふうに思っていませんか？　「ブランディングなんて予算が豊富な大企業のもの。お金も人も足りない私たちには無理」……。そんなことはありません！　ブランディングは、会社が小さくても知名度が低くても、大きな会社と同じ土俵で戦えるヒーローアイテムなんです！**

日々、たくさんの新しい商品が発売されます。私はスーパーに行くと野菜や果物、調味料や冷凍食品の棚をよく見ますが、その中のどれだけの商品がブランディングされているのでしょうか。日本ではいまだに多数派とは言えないのが現状です。最近では、コンビニで韓国など海外メーカーの商品をよく目にしますが、**海外では、スタートアップ企業が最初に探すのはブランドディレクター**だという話もよく聞きます。それはなぜでしょうか。ブランディングは会社や商品の素晴らしさや価値を可視化し、お客様の心に響き、共感を生み出すからです。自分たちの商品の価値が伝えたい相手に伝わるから売れる、売れるから派生品など次の商品が作れる、そして企業力の強化もできる、ということです。そして、社内はもちろん、仕入れ先や流通などにもその共感が広がっていき、人が集まってきます。会社や商品と志向性が合う就職希望者からの応募も増えていきます。届けたい人への熱いメッセージになる**商品ブランディングは、商品作りを超えて人が集まってくるビジネスシーンのヒーローアイテム！**なんです。

# 1章

## ＼ 基本編 ／
## 基本の10ステップ

〜 商品の魅力を引き出す 〜

# 「商品ブランディング」は10ステップ！

昨夜SNSを見過ぎて寝不足なんだ……

サラ、しっかり起きて！私も一緒に学ぶことにしたよ

ブランディングはここからがスタートです

まずは基本の10ステップからやってみましょう

はい、やります！Yes we can!!!

商品の魅力や個性を存分に引き出すこの10ステップがあれば売れる！

ステップを1つ超えていくたびに商品の価値がクッキリと見えるようになります

クッキリ……ぼやけていたのがよく見える……メガネや望遠鏡のような感じ!?

えっ？　ブランディングはメガネなの？　笑

確かにメガネの効果と
似ているかもですね！
焦点が合う感じとか
料理と同じく
段取りとその順番も
大切なんです
えっ？
料理は苦手……汗
ステップには
市場ポジションを
考えるためのリサーチ
とかも入りますか？
入りますよ
リサーチという
客観視点はブランディング
にも欠かせません
主観と客観を取り入れて
ブランド作りを
進めていきましょう
ステップは大きく
4つに分かれていて
DNA
VISION
DESIGN
MANAGEMENT
DNA、VISION、
DESIGN、
そしてMANAGEMENTです
10のステップが
4つの扉の
向こうにある？
どういうこと？
サラ、その調子！

# 「商品ブランディング」の基本

08

商品ブランディングの基本ステップをご紹介します。商品について、一つずつ考え話し合い言語化して、プロジェクトの関係者で共有する、これだけです。1つずつクリアしていくと、その商品の個性が明確になり商品ブランディングのスタートラインにたどり着きます。さあ、始めましょう！

ここからが本当のスタートですね！

この10ステップを習得して社内で自慢したいです。

お二人とも気合入ってますね。基本が大切ですから楽しくいきましょう。商品ブランディングの基本は、10のステップがあり、大きく4段階に分かれます。まずはブランドの根っこになる「ブランドDNA」の発見から。DNAという言葉からお分かりのように、変わらない価値を作ることになります。

DNAから始める……。とても重要な感じです。未来のブランドを作るための旅の始まりですね！

未来のブランドになれるかどうかは保証できませんが、商品ブランディングの基本を知らないままではブランドになれる確率は下がるでしょう。

研究、企画開発、営業、仕入れ先にお取引先、多くの人々の期待を背負う商品ですから確率はできるだけ上げたいです！　DNAの後はどんなステップがありますか？

DNAの次はVISION、そしてDESIGN、MANAGEMENT、です。この4段階で未来の「ブランド」をつくることになります。基本のステップはとても重要なので、お二人とこのまま話し合いながら進めましょう。

ありがとうございます！　商品ブランディングの基本ステップ、お願いします！

## ステップを追ってブランディングしましょう

ブランディングは、その名の通り、ブランド作りに他なりません。本書では、商品ブランド作りの基本を、**4段階・10ステップに分けてご紹介**します。焦らず、丁寧に一歩ずつ取り組んでいくことがオススメです。商品は発売されると、良くも悪くもある一定のイメージが定着するので後で調整すればいい、というわけにはいきません。商品に自信があるときほど、ブランディングでその商品価値を育てていきましょう。

本章は、**DNA → VISON（ビジョン）→ DESIGN → MANAGEMENT（マネジメント）**の4段階を経て、商品が未来のブランドへの入り口に立てるイメージを目的に書いています。

大切なのは、作り手の情熱や確かな思いの「ありのまま」、等身大の「らしさ」、このふたつを基点に、それらをどのような言葉やビジュアルにすると、伝えたい人にちょうどよく最適に伝わるのか、を念頭に置いて進めることです。これからは、大げさな表現やマネは見抜かれてしまいますし、スペックだけで判断される時代でもありません。

ブランディングは、**DNAの発見から始めて、未来を照らすVISIONを経て、DESIGNする**ことが重要です。何を伝えるために、どのような未来を見せるために、DESIGNするのか、が商品の個性を可視化します。そこから、**ブランドへの道を作るMANAGEMENTまでがブランディング**なのです。一つずつステップを上がっていくと、山登りをしているみたいにブランドへの道が少しずつ見えてくるので楽しみながら進めていきましょう。

09

# ［ステップ1］DNA_Why

**ブランディング基本の10ステップ、商品の「DNA」を認識することから始めます。最初の一歩は「Why」。なぜその商品を作ったのか、という誕生時の話。どんな気付きから生まれた商品なのか、ドラマチックでなくとも小さくとも“実は……”な話があるはず。それこそ、未来のブランドへの大切な第一歩です。**

なぜその商品を作ったのか、ですか？　売れ筋だから、こんな理由はダメでしょうか？　当社の信頼性があれば、他社の売れ筋に似た商品でも、より売れると思ったからなんですが……。

新しいジャンルの商品が売れると、次々と似た商品が発売される、これはよくありますよね。けれど、似ているようでも、メーカーはそれぞれに個性や得意分野があり、商品も少しずつ違いませんか？

そうですね、一見似ていても他社との違いは自然にできるというか、全く同じものにはならないですね。

確かに、それぞれが少しずつ違うけど営業現場ではバイヤーさんに「何が違うの？」と聞かれることが何度かあって、ここはしっかり取り組みたいです！

マクロで見ると同じでも、ミクロな目線で見ると……案外それぞれ違いがあります。

似た顔の兄弟や姉妹でも中身は結構違う、って感じでしょうか？

うーん……。まずは始めてみましょう！　（笑）

基本のステップ、最初の「Why」よろしくお願いします！

# 商品の根っこになる誕生秘話

商品発売のタイミングは一般的に年2回、春夏と秋冬があって、そこで発売される全ての新商品にWhyなんてあるのかな……そう感じませんか。

スーパーやコンビニのPB商品、バイヤー要請など事情先行型の商品や、競合へ戦略的に当てるための商品もあるでしょう。

成熟した市場が多い上に海外メーカーも入ってきて競争が加熱し続けている今、どの商品も高品質であることが前提条件です。品質の差が大きくないこともあり、売れるか売れないかは、まさに紙一重ではないでしょうか。その紙一枚分の差はどこで生まれるか、それはブランディング次第だと言えます。紙一重も気が付けば大きな差になっている、だからこそ、**始まりの一歩、「Why」からその商品だけの「なぜ発売するのか」を明確にする**必要があります。

「誕生秘話」という言葉は作り手視点ですが、むしろ受け取り手視点から見て、「Why＝なぜ」を見つけてください。商品にあると愛され度がアップするのが「誕生秘話」なんです。

商品が、誰を、いつ、どのように、プラスの感情にするのか、を改めて考えてみましょう。試しに、ロングセラーや最近ヒットした商品をネットで検索してみてください。誰かに話したくなる誕生秘話が必ずあるものです。

なぜその商品が生まれたのか、
誕生秘話を見つけること

# ［ステップ2］DNA_エビデンス

10

次は「エビデンス」です。客観的な数値や、商品が関わる現地・現物・現実など、商品とその周りを観察しましょう。ビタミンが何mg入っている、どこかの認証を取得している、などの商品自体に関わる事実や現状を集めてみましょう。もちろん、商品を作る企業に関する情報や数字にも目を向けてください。

商品を客観視するのは得意です！　エビデンスを重ねることが研究の基本ですから。

現地（店頭）、現物（競合含めた商品）、現実（購入行動）を認識し、それを元に対応したり解決策を考える「三現主義」は知っていますか？　加えて、具体的な数字や情報など商品がどれだけ信頼されているかを裏付けるエビデンスを積み重ねることが必須です。

つまり市場調査ですよね。前職の営業時代に、売り上げ実績などの数字の奥にある理由を考えるのが楽しくて！

そしてマーケティングのために作られるリサーチ資料にも使える情報やデータがあるはずです。

先日の会議で商品化を決めるためのリサーチ資料が配られて、数字の奥にあるものを見つけたい、と思いました。

いい心掛けですね。これからのブランディングにはマーケティング資料の読み解きは当たり前になっていきますよ。

研究にもマーケティング資料は回ってきますが数字の奥、なんて考えませんでした。

数字の奥にある真実を見つけるのは難しいけど、仮説を立ててみると当たっていたり、外れていたり、ワクワクします！

# 数字から見える消費者の心の動きを考える

ブランディングのベースになるDNAを考える上で、エビデンスを集めることは必須です。商品に関するエビデンスとは、大きくは下記の3点が基本になります。

**①三現視点**（商品を販売する売り場、商品自体、POSデータなどそれらを取り巻く現実）

例えば、お菓子の場合、1つの売り場を見るのではなく、都会のスーパーやドラッグストア、郊外の大型施設など、複数地域での観察がオススメです。そして、流通しない予定でも、ある意味では競合になるコンビニのお菓子などの動向も確認することが必要です。

**②商品の客観的特徴**（容量や内容成分の含有量、競合比較から出てくる数値など）

競合以外に健康志向の強まりなどの社会情勢も含め他の注目商品も意識してください。

**③マーケティング資料**（ターゲットリサーチや、使用感アンケートやインタビューなど）

一般論ですが大手メーカーはかなりの予算を割くことが多く、中小メーカーは営業や現場のバイヤーの声だけがマーケティング資料ということもあります。アンケート調査やリサーチによって、商品の客観的な受け取られ方を把握しましょう。一方で、少数派の意見は上がってこないこともあるので注意が必要です。

フレーバー展開や商品リニューアルなどの場合は、既に発売している商品群のコンセプトやパッケージ、競合商品の過去から現在までの動きの確認も忘れずに行いましょう。

現状を確認して、
客観的なデータに落とし込みましょう

11

# ［ステップ3］DNA_魅力

ブランディング基本の10ステップ、DNAの最後が「魅力」。主観的な視点で見つけたWhyと、客観的なエビデンスを融合させます。商品の何がターゲットにとって魅力になるのか、を掘り下げていきます。そのために、一番重要なのはターゲットの「本音」です。

やはりエビデンスは強い魅力になるのではないでしょうか？　私は、商品のカロリーなどの数値データは必ず見てから買います。

もちろんエビデンスが魅力になることもあります。が、友達とおいしいものを食べに行こうというとき、エビデンスを考えますか？

確かに普段はカロリーを気にしているけれど、そういうときカロリーは度外視しちゃいます！

そこなんです！　人は必ずしも合理的な行動をするわけではなく、感情や感覚に左右されるものです。つまり「エビデンス」と「感覚的なもの」、どちらも魅力になり得るのです。それに状況次第で何が基準で選ばれるか、何が魅力になるかも違います。エビデンスが一番強い魅力になるとは限らないんですよ。

最近うちの会社が発売した商品がそうでした。購入のきっかけは多い方が良いからってことで、パッケージには良いこと5つ書いて、あと、なんとか協会のオススメマークも！

5つも書かれても何を見ていいのか分からなくなって、なんだか買いにくいかな。

パッケージでは「1つのメッセージを目立たせる」が原則です。メッセージ次第で、他の魅力になるエビデンスが見えてくれば良いのですが、5つは多すぎますね。

# ターゲットが魅力に感じることを言語化

十人十色、という言葉から何を感じますか。人はそれぞれの考えや好みが違うということ。

そして多様な消費行動が広がっている今、個々のターゲットが、商品のどういうところを魅力と捉えるか、についても多様化しています。強みとなるのは数値やエビデンスだけではありません。**感覚や感情やその見え方も重視すべき**です。

例えば世代が違えば、同じものを見ても印象や感じ方は違うでしょうし、性別によっても受け取り方は変わるかもしれません。ということで、今回は、そのターゲットにとって、この商品の魅力は何なのかをあぶり出す方法です。まず、**ターゲットになる生活者の日常、感覚、流行を表す言葉やビジュアルを、1枚にまとめましょう**。そこを基点に、「Why―誕生秘話―」と「エビデンス」の中にある言葉やイメージの何が魅力になるのか、を探っていきます。ターゲット（または近い人や交流がある人）の感覚や感情を聞きながら、がオススメ。ターゲットの人からは、主観と、ターゲット代表の意識、この両方からヒアリングするといいです。そうした情報を受けて、商品の魅力を磨いていきます。**魅力を表す言葉が定まったら、優先順位やその強弱度合いも話し合って決めてください**。

「Why」「エビデンス」「魅力」この3つで、ブランディングの「DNA」が出来上がります。

ターゲットにとっての魅力が何なのか、を
考えるのが一番大事

# [ステップ4] VISION_ストーリー

12

DNAの次、VISIONを描いていきます。まずは「ストーリー」から。商品の根っこ＝DNAを、ストーリーにします。作文が苦手で、という方もご安心を。文章の良しあしはさておき真摯に丁寧に、を心掛けて、ターゲットの気持ちを大切に。ドラマも起承転結も不要ですが、情熱を持って作りましょう！

作文かー、中学校以来かも。一度、県のコンクールで佳作を受賞しました！

その文章には情熱があったのでしょう。ブランディングにおいても、情熱は最も重要な作り手に求められるポイントです。愛情と言ってもいいでしょう。

私も研究開発した素材には愛情を感じています。友達に話すと笑われますが……。

素晴らしいことです。人と人を結ぶのが商品である以上、そこにある情熱は確実に伝播するはずですよ。

ストーリーを、と言われると少し緊張しましたが、私も仕事に情熱を持っています。この会社の皆さんと作る商品が、世界をちょっと変えてくれると信じていますから。

そんなふうに大切に開発した商品だからこそ、価値をしっかり伝えましょう。似たような商品が多いのも避け難い現実ですから、ストーリーがより大きな役割を果たすんです。

文体など気を付けた方がいいポイントを教えてください！

まず副詞（とても、ずっと、など）は少なめに、伝えたい順や「結論」から書く。そして商品の向こう側に見えるターゲットである生活者の気持ちを思いやること、です。

## 商品との出会いからその後を物語に

簡単にできて効果的なストーリーの作り方をご紹介します。

●用意する物：A3用紙、付箋、ペン

①**付箋：**DNAのエビデンスや魅力を1つずつ、1枚の付箋の上部に書いていく

②**用紙：**店頭で商品を見る・購入する・パッケージを開ける・商品を使用（食べる）する・パッケージを捨てる、商品との出会いから終わりまでの体験を用紙の上部に横軸で書く

③**貼る：**①の付箋（商品の特徴や魅力）が、ターゲットの心に届く瞬間は“②のどの体験”になるかを考えて、②の体験の下に貼っていく

④**追記：**その時に生活者がどんな気持ちになるかを付箋の下部に追記する

⑤**DNAのWhy**を紙の下半分に書く

いかがでしょうか、**その商品「らしい」言葉やシーンが見えてくる**はずです。そこに、DNAの「Why」をプラスして見ていくことで、その商品らしい独自のストーリーを作りましょう。

**人は商品のストーリーを知りたいし、ストーリー次第で商品の価値が変わって見えてきます。**

商品と上記のA3用紙を眺めるだけではなかなかストーリーが見えてこない場合は、社会、時代、流行、世界情勢、地域、文化など会社や商品を取り巻く様々な因子を、マクロな視点で捉えてみることもストーリー作りのヒントになります。

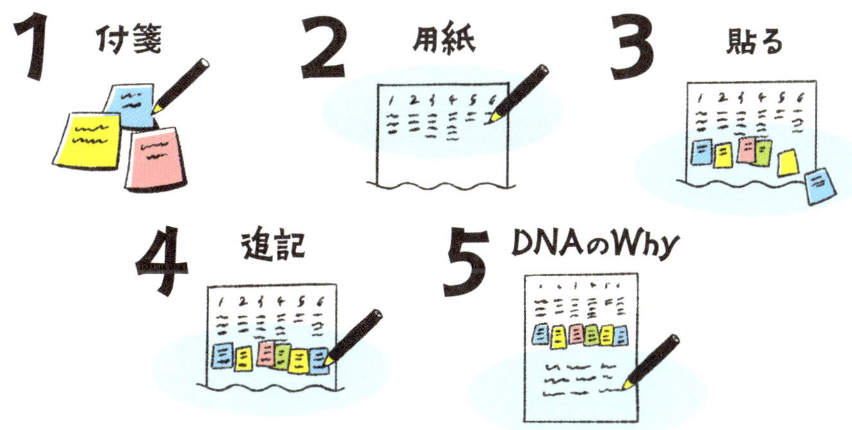


独自のストーリーがあれば
競合と差別化できる

# ［ステップ5］VISION_イメージ

13

VISIONを描く上で、次は「イメージ」作りです。商品の根っこ＝DNAとストーリーから、商品とその世界観に合うイメージを形成します。商品から連想されるシーン、街のスナップ、ターゲットの生活シーン、グラフィックやアートなどのビジュアルなど、様々なイメージを探してまとめます。

イメージを集めるということは、コラージュ的な感じでしょうか？

コラージュはアート手法の一つですが、一つの世界観を形成する点では同じですね。VISIONの言葉通り、商品の未来を指し示すための指標としてのイメージ形成です。

推しの記事や画像を集めてスクラップブックにすることに近いのでしょうか？

「推し」を商品に置き換えると愛でる気持ちは同じですね！　商品を「推し」として、過去ではなく、商品や商品が描く未来のイメージを皆さんで集めてみましょう。

写真は分かるのですが、グラフィックやアートはどんなものか、見当もつかないです……。

イメージ作りにも基本的な方法がありますので、右ページでご紹介します。ただし、イメージは人によって感じ方や受け取り方が様々なので、「正解」があるわけではないことを先にお伝えしておきますね。

これからはコンビニやスーパーで商品を見る目が変わってきそうです。

いいことですね。この方法でイメージを作ると、商品への「解像度」がぐっと高まると思いますよ。

# 商品から広がる世界に最適なイメージを

**イメージ作りでは、先に作った「ストーリー」にある言葉や印象を抽出してそれを広げていく**とうまくいきます。イメージ（写真、イラスト、グラフィック、アートなど）の集め方をご紹介します。

**①ターゲットのイメージ：**ファッションや周りの人々など

**②ターゲット生活シーン：**朝食、仕事中、仕事終わり、オフタイムなど

**③商品使用シーン：**朝の活力になる商品＝寝起きにブラインドを開けて朝日が差し込むシーンやすがすがしい自然な笑顔、リラックス商品＝草原に寝転んでいるなど

**④商品使用による感情変化：**

連想できる写真（心が落ち着く＝水辺の緩やかな波紋、喜びなら打ち上げ花火など）

グラフィックやアート（元気になる＝右肩上がりの矢印、リフレッシュ＝朝日の絵など）

このイメージは、**パッケージデザインや広告などで使うキービジュアル、動画コンテンツなどの元になります**。また、このイメージはストーリーとセットになるもので、パッケージデザインや広告を作る時の起点であり、オリエンテーション資料の素材になっていきます。

さらに、集めたイメージは商品やターゲットに対してのピッタリ度合いに応じて**大小をつけたり、グルーピングしたりして、ブランディング関係者の意識共有を進めていきましょう**。

商品とストーリーに合うイメージを集めていく

14

# [ステップ6] VISION_ネーミング

ブランディング基本の10ステップ、VISIONの最後は「ネーミング」。商品の価値や魅力を表す集大成とも言える資産です。商品名は販売され続ける限りは不変ですし、商標登録することも見据えて作りましょう。単語をミックスする造語や外国語、数字や文章的なものなど発想のタネは様々です。

サラ

ここは私のセンスの見せどころ。以前飼っていたハムスターの名前は「セノビのスケ」！　伸び伸びと自由な感じのハムスターで、よく背伸びをしていたので名付けました。

ヒビキ

セノーとかセノッビとかいろいろ展開がありそうですが、“のスケ”というところが、かわいい感じですね。自由で生き生きとした姿が目に浮かびます。

マイ

ペット……。あっ、友達のペットの名前「山ゴリラ」が忘れられません！

ヒビキ

……どんなペットなのかわかりませんが、ネーミングセンスが素晴らしい！山とゴリラを合わせるのがなんとも……。よく食べるお山の大将的な姿が浮かびます（笑）。

サラ

ネーミングって、センスと発想力から生まれるものなのでしょうか？

ヒビキ

センスも発想力はもちろんですが、商品の魅力を多様な視点で捉えること、英語以外も含めた外国語、あとネーミング辞典なども使いながら探していく根気強さも必要ですね。

サラ

ネーミングの辞典なんてものがあるのですか！　ネットにもいろいろとありそうですね。

ヒビキ

そうですね、素案ができたら特許庁の「特許情報プラットフォーム」で確認したり、弁理士さんに依頼して簡易調査も必要。類似商標がないかどうかが第一関門です。

マイ

ネーミングは権利でもあるのですね！

## ネーミングは商品ブランドの重要な資産

ネーミングは人類が発明した「言語」という素晴らしい知的資産の賜物。様々な開発手法がありますので、その基本的な作り方をご紹介しましょう。一般名称（チキンカレーやウイスキー等）ではなく、商標になるネーミング＝商品名について記します。

**①商品とシーンの融合**　例：「美鍋」「ベイクドオーツ」「Cook Do」と「Bistro Do」「らくチンDELI」「ナイスタック」「ルナエール」「クックパー」
◎「Cook Do」と「Bistro Do」は別カテゴリーで「Do」を共有するネーミング戦略

**②グレードや種類**　例：「ザ・カリー」「黒霧島／白霧島／赤霧島」「GRANDIA」

**③オリジナル**　例：「マロニー」「Campus」「五感紙」

上記の他にも、文章風など多くのパターンがありますし、車や化粧品はイメージを表すために英語などの海外言語や、造語なども多くあります。

商品自体はもちろん、**様々なカテゴリーや競合商品と比較して、その中で商品の魅力やらしさを表現するネーミングを作りましょう**。ネーミング案は、まず「特許情報プラットフォーム」で簡易調査して問題ないものをチームで共有してください。このステップを踏まないと、類似商標や既に登録されている商標に気付かない、なんてコスパが悪いことになります。

# ［ステップ7］ DESIGN_キービジュアル

15

ブランディング基本の10ステップ、ここからは、DESIGNのパートです。最初は「キービジュアル」。パッケージデザインや広告、動画コンテンツにウェブサイトなど、あらゆるメディアに展開するための出発点です。DNA、VISIONの集大成として、作っていきましょう。

キービジュアルはデザイナーさんの出番ですよね！　商品ができてすぐにパッケージデザインを依頼していた社内メンバーは、デザインが待ち遠しかったようです。

DNAやVISIONを私と共に丁寧にたどってきて、いよいよ形になってきた感じがしますね。

商品とターゲットの気持ちを探り、話し合って、自分たちの子どものような気分です！

今まではどのようにデザインを依頼されていたのでしょうか。

商品担当者がネーミングを考えて、デザイナーさんに商品と特徴を書いたシートを渡して、商品担当者のイメージを伝える、という流れだったようです。

それは担当者の責任重大ですね……。デザインの評価軸はどのようなものだったのでしょう？

上がってきたデザインを担当者が選定し、最終的に部長が決裁していたそうです。

デザイン次第で商品の見え方は大きく変わります。そのデザインはブランディング次第でさらに大きく変わります。今回の体験が今後の商品に生かされるといいですね。

# 商品の個性を端的に可視化する

いよいよブランディングの成果を可視化する3段階目「DESIGN」です。**DESIGN＝可視化第1弾の「キービジュアル」は、商品を印象付ける・覚えてもらうことが目的**で、そしてブランディングの成果を左右する重要なものです。DNAとVISIONから見えてきた商品の個性を端的に表現することがキービジュアルの役割。多彩なメディアに展開された時に、「商品」の記憶をつなぎます。

キービジュアルの主な例とその特徴は以下になります。

①**商品フォーカス**……記憶を作りやすい・非凡な商品パッケージやビジュアルが必要

②**商品使用シーン**……分かりやすい・商品を連想しやすく作ることが必要

③**商品がもたらす感情**……見る人次第で想像を膨らませたり魅了されたりする・商品や使用感を想像しにくい側面も（化粧品など効果や実感力訴求を重要視するときに多い）

④**商品が描く未来社会**……メーカー思想を商品に反映するときなど（メーカーブランドを前面に押し出す際などに検討することが多い）

商品ロゴやマークもキービジュアルになりますが、上記のように多彩なアプローチから、作ることも視野に入れて商品の個性＝“魅力”や“らしさ”を表現することがおすすめです。

キービジュアルやパッケージデザインを作るデザイナーの選定は、商品のレベルやポジションに合わせて考える必要がありますが、このあたりは3章で改めてお話ししましょう。

キービジュアルは
多彩なメディアで展開！

16

# ［ステップ8］DESIGN_パッケージ

ブランディング基本の10ステップ、DESIGNの要は「パッケージデザイン」。パッケージデザインは、ターゲットの人にも違う人にも、商品を記憶に結び付けるために最も重要な要素です。口コミやSNSはもちろん、競争の激しさが増す一方の状況ですから、ターゲットの記憶に残せるかどうかが最重要です。

ところで今回の商品のパッケージの素材や印刷は誰がどう決めるのでしょうか？

パッケージデザインはデザイナーさん、印刷は印刷会社に依頼しますから、印刷会社に相談して予算の範囲で、できるだけ安価なものを検討する方向で進んでいます。

そうなんですね……。実は素材や印刷も大いに商品ブランディングに関係します。パッケージは「デザイン×素材×印刷」で一つなので値段だけで考えない方がいいのですが……。

この商品は未来の事業の柱だと言われていますし……。社内調整にトライします！

研究の現場でも、研究成果はトータルでの時間と予算配分次第って教わってきましたから納得です。

ブランディングも研究も大切なことは一緒ですね。パッケージの素材や印刷でも商品の特長や個性を可視化できたら、商品価値がさらに伝わりやすくなるからオススメなんです。

そういえば、最近コンビニでお気に入りの商品があります！　パッケージの触り心地が良くて、マットな部分があって、なんかいいなって「ジャケ買い」しています！

私の推しのグッズパッケージも、かわいいカラーにシルバーの箔加工が入ってて一目で推しって分かるんです。箱も小さくて分厚いから、アクセサリー入れに再利用しています。

お二人とも素材や印刷の価値が分かっていますね！

# パッケージデザイン＝デザイン＋素材＋印刷

パッケージデザインは、グラフィックとしてのデザインだけではなく、パッケージの全てをデザインすることです。グラフィック、パッケージ素材や形状（メーカー事情により選べない場合もある）、印刷、全てを「デザイン」することがパッケージデザイン。ここが必要な知見とその領域の広さから専門性が高いと言われる理由です。

そんな**パッケージデザインは「ブランディングの果実」**だと言えます。ブランディングという木のタネから育てて、根を張り、幹が成長する、それらから果実＝パッケージが実るのです。その果実は、売り場でどう見えるか、手に取った時にどんな感じなのか、商品の使用シーンは使いやすいのか、分かりやすいのか、五感にどんな刺激があるのか、どんな感情を持つのか、そんなことを考えて、デザインする必要があります。また、発売前に、この先にフレーバーなどのバリエーション展開や容量違い作成を想定しておきましょう。未来を想定せずにデザインすることは、商品ブランドとしての破綻にもつながります。パッケージデザインは、**スタート時点から商品の未来を想定し、より大きな果実が実っても大丈夫なように作る**必要があるのです。パッケージデザインは、高い専門性や多方面への知見が必要な分野で、世界各地にパッケージデザインやブランディングの会社がある理由がここにあります。

商品は、一般的には年間で2回の発売時期があり、リニューアルなどを考えると、5年や10年単位でパッケージデザインを作り続けることから得られる知見がモノをいう領域です。高い専門性や多くの知見が必要だからこそ、社歴が長いパッケージデザインやブランディングの会社や経験が豊富なディレクターに、有名な商品の仕事が集まるのです。

パッケージデザインは「ブランディングの果実」！

# ［ステップ9］DESIGN_システム

17

ブランディング基本の10ステップ、DESIGNの最後は「システム」。パッケージデザインは、自由に好きなようにグラフィックを描くことではなく、商品展開時はもちろん各種オウンドメディアなどで、ブランドとしての一貫性や統一感を強化して、商品の価値を上げていくためのシステム化が必要です。

パッケージデザインはデザイナーさんの感性とセンスの創造物だと思っていましたが、それだけではなくって様々な知識と経験が必要な専門性が高い仕事だったんですね。

そこが分かったなら怖いものなし！　私は25年かけてまだ道半ばな感じですから。商品企画のリーダーとして、素晴らしいスタートを切れるでしょう。

ありがとうございます！　けれど次のデザインシステムも全く分かりません（笑）。

デザインの後はシステム化！　私は理系人間だから得意分野かもです。でもデザインって自由な感じがするので、システムって言葉と真逆なイメージです。

基本的には、WEB、広告、SNSなど各メディアにおいて、ロゴやマークの扱い方、キービジュアルの見せ方、パッケージの各面（正面・側面など）の配置などを決めます。基本になるパッケージと容量違いのパッケージの縦横比が違っても同じように見えるようにバランスを決めておくこともあります。全ては商品の見え方や魅せ方に一貫性や統一感を持たせるためのものです。

結構多くのことをシステム化するんですね。これも未来のブランドになるためには、重要な一手なんですよね！

はい、とても重要な一手です。お客様の心に商品の記憶が刻まれ、他の商品と区別できるよう、必要なのがシステム化です。

## デザインを生かすも殺すもシステム次第

今の時代、「商品」との出会いは売り場だけではありません。一つの商品に関連して、メーカーの商品サイトもあればSNSもプレスリリースもあります。これら全てを一人の人間が企画しデザインすることは難しい。商品との出会いになる様々なメディアで成果を出すためには、専門知識やノウハウが必要で、多くの人が関わって作ります。どのメディアでも、商品の魅力が同じように伝わることは今の時代に必須条件です。となると、**商品とパッケージデザインとオウンドメディアまでをブランディングに基づき、商品の魅せ方に一貫性を持たせるシステム化も必須**です。

昔はデザインシステムは入手困難でしたが、今はさまざまなサイトで、デザインシステムの概要から利用可能なロゴやマークデータまで公開されていますので参考にしましょう。

基本として下記の3つをシステム化することをオススメします。

**①ロゴやマーク**（タグラインやキャッチコピーと言われる文章）

**②キービジュアル**（食べ物の商品なら飲食物の写真、特徴あるグラフィックなど）

**③パッケージ**（何をどうレイアウトする・大きさ・どの面に配置するかなど）

「DESIGN」の3つの要素は、専門性が高く基本的にはブランディング会社やデザイン会社に依頼して、その豊富な知見から作ることが良策です。

システム化して、ブランドとしての統一感を守る！

18

# ［ステップ10］MANAGEMENT

ブランディング基本の10ステップ、最後は「マネジメント」です。商品を発売したらほったらかしなんてこと、してませんか？　子どもが生まれたら育児をするのと同じで、商品も育てていく必要があります。発売した後の育児＝マネジメントこそがブランドになっていくか否かの分かれ道なんです。

商品がバイヤーさんたちに好評のようです！　お店での売れ行きも期待以上に伸びているようで、社内でもこれでひと安心という良い雰囲気になっています。

好評で売れ行きも良し、良かったですね。ただ、ここからがブランドへの道の本番です。しっかり育てていきましょう！　まずは状況把握のリサーチがオススメです。

確かに改めてリサーチしてみたいです。さらに売り上げを伸ばすためには、どうしたらいいのかな。

久しぶりに柱になりそうな商品なので、攻め時ですよね！

売れている商品でも、しっかりリサーチして、いつどこで誰になぜ売れているのか、を把握することが次の一手への道筋になります。これから商品ブランドの幹を太くして、さらなる大輪を咲かせるためのマネジメントがありますよ。

そうですか……。マネジメントってリサーチだけでしょうか？

リサーチ結果を元に仮説を立て、アップデートを通じて、ブランド価値を育てる、というサイクルです。商品を取り巻く環境は日々変わっていくので、子育てと同じく、個性を見極めながら、愛情をもって手を掛け、良いところを伸ばしていくということをお忘れなく、です。

ブランディングは終わらないのですね……。頑張ります！

# ブランディングに終わりはない

商品を発売して想定かそれ以上に売れることは、関係者にとって何よりの喜びです。商品やサービスがあふれ返るこの時代だからこそ、売れる商品にするためには発売後のことも計画的に考え、継続的に見ていくことをオススメします。商品は、まるで生き物です。売れる商品が一つ生まれれば、他社はそれを研究し、参考にした類似商品も次々と生まれます。現状に満足しているだけではポジションはすぐに奪われてしまうでしょう。発売後のマネジメントも心しておきましょう。厳しい話はここまでにして、マネジメントをご紹介。

**まずは状況把握**、ということでリサーチです。今は安価で早いネットリサーチもありますし、バイヤーの声やネットの口コミなど情報収集と整理を進めましょう。それらの情報を元に商品を見て、どのような成長を見込むかを検討していきます。

また、実際の売り上げデータは、良い面も悪い面も**様々な側面から分析**し、違う味への商品展開、容量や容器が違う商品展開など、**何が求められているのか、ターゲット層の人々の隠された本音を探って仮説を立ててみましょう**。特にパッケージデザインは、時代の動きに合わせてロゴやグラフィック、色調などを少しずつアップデート（リフレッシュとも言います）することもマネジメントの一手です。その都度、ブランドシステムも調整していくことをお忘れなく。肝心なことは、真のブランドへと成長を促すために、商品を育て続けるマネジメントがブランディングの肝だということです。

大きく成長させるためにしっかり育てよう！

19

ブランディングの

# (い) ブランディングは (意)思表明!

**こんなふうに思っていませんか？ 「この商品は安いし社会貢献なんて商品でもないからブランディングは不要かな」。今や企業や商品のブランディングは必要ないって人は少数派。ブランディングは、商品が何者かを明確にする意思表明で信頼を勝ち取るためにあります。**

私は幼い頃から「パインアメ」が好きで「ゆかり」も「かっぱえびせん」もやめられないし「黒霧島」の香りがクセになっています。祖父がよく食べていた「クッピーラムネ」や「うなぎパイ」は私が日本で一番食べたクリエーターかも。祖母が愛した「キューピー3分クッキング」も好き。「ISSAY MIYAKE」や「Hermès」も最高。「タイガーバーム」は私の代名詞。洋食は「SAKAKI」で鉄板焼きは「南海グリル」。あとホームセンターは「コーナン」と「HANDSMAN」がいい。皆さんもそうだと思いますが、なぜその商品なのか、そのお店なのか、理由はありますよね。それは、**企業や商品から伝わる“意思”に共感したり、思い出になるシーンなどの記憶**があったりするからではないでしょうか。
例えば、食料品で言えば、**おいしそう！だけではないコンセプトやテーマ性など**、何か意思を感じる商品に目が行くものです。それは子ども向けでも大人向けでも同じこと。商品も情報も多く“心（忄）を亡くすほど忙しい”現代にこそ、店頭での一瞬の出会いを生かして、記憶になる商品ブランディングを取り入れましょう。

# 2章

## ＼ 基本編 ／
## 体制作りと戦略

～ ブランディングを生かす ～

体制作りと戦略を楽しもう！
10ステップはマスターしたから商品ブランディング始めます！
サラの行動力があれば大丈夫！
ブランディングの基本は10ステップです
だがしかし!!
それだけではできません……
戦略を入れてみると価値が倍増しますよ
え〜〜……戦略も必要なんですか……
あっ
でも前職にも戦略を取り入れてました！
市場動向やターゲット視点で考えたときに、効果的な販促活動には戦略入れてます
お二人とも普段から戦略を駆使しているはずですよ
戦略のあるブランディングはリアル感が増幅します
?

例えばですが……
友達に誰かを紹介されるとき、自己紹介しますよね
その時に自分の今までを全て話さないでしょう
相手を見て何をどう伝えるか、を考えているはず
自己紹介が戦略……
戦略は企みとも言えますから……
お二人はサプライズはお好きですか？
はい大好きです！
友達の誕生日とかサプライズするのが楽しいです！
じゃあ……
戦略はサプライズ！ってことでスタートしましょう！
やります！
Yes we can!!!

# 「商品ブランディング」の体制と戦略

20

「売れる商品」を生み出すための、商品ブランディングの体制作りと戦略をご紹介します。商品ブランディングは、体制作りと戦略があればこそ。社内で共通認識を持つための体制作りと、商品の個性やパッケージデザインをより強くするための戦略検討。体制と戦略が整うほどにブランドへの道が見えてきます。

サラ

売れる商品ブランディングには体制作りと戦略が必要なのですね。これを学べば基本はマスターということになるのかな。

マイ

この後、パッケージデザインの章も含めて基本編だったと思うよ！

ヒビキ

そうですね。ちなみに体制と戦略は、皆で取り組んだり、検討したりすることが多いので楽しめますよ。

サラ

楽しめるのですか!?　それなら、この章を頑張るモチベーションになります！

マイ

私は、戦略を考えるのが楽しみなんです。売れる商品ブランディング戦略……。どうするんだろう!?

ヒビキ

戦略なくしては、商品ブランディングは成り立ちませんからね。そして社内全体にブランディングを浸透させていく体制作りは苦労もありますが、実行と継続あるのみです。その分、売れる商品につながっていきますよ。

サラ

今回の話を社内共有していることもあって、会社の商品開発体制を刷新しようという話が出ていますし、戦略もすぐに取り入れていきたいです！

ヒビキ

商品ブランディングが、より生きる体制作りと戦略を考えていきましょう。どんな会社でもすぐに使えることがありますよ！

サラ

「すぐ使える！」そんなお話は大好きです（笑）。

# 商品をターゲットに最適化するために必要なこと

これ以降のページでは、売れる商品ブランディングを行っていくために必要な、体制作りと戦略について学んでいきましょう。小さな会社であっても外部のデザイナーや業者であっても取り入れやすく、現場で応用しやすいようやさしく解説しています。

**①社内の商品開発体制**

**②オウンドメディアの運営体制**

**③「商品魅力」を加速させる戦略**

**④「パッケージデザイン」の戦略**

6章に、特許庁様からの寄稿として「『デザイン経営』宣言」、の紹介があります。本章と併せて読んでいただくと、ブランド構築＝ブランディングを理解できる企業体制が必須な時代になってきたことを実感するはずです。

そして、戦略は、商品とターゲットの関係をちょうどよくする「最適化」の効果があります。この後の戦略を一つ一つ見ていただき、メーカーはもちろん、ブランディングやデザイン会社も、ブランディングやデザインを生かす方法として、戦略の有効活用に向き合ってみましょう。

21

# ブランディングはチーム作りから？

「売れる商品」を生み出すために一番重要なのは、チームビルディングです。ブランディングを理解している経営層と商品担当者がいて、ブランディングができるクリエーターと組むこと、それが「売れる商品」を生み出す「チーム」のスタートラインです。

チーム作りはバッチリだと思っていましたが……。私はブランディングを学んでいるし商品企画の同僚もいて、デザイナーさんもいますが……。

これからは、ブランディングを理解する人たちで商品ブランディングを実施することが必要です。メーカーの社長に部長、商品担当者、ディレクターにデザイナーも。

社長や部長もブランディングか……。過去に売れた商品の要因を分析して社内共有はしていますが、ブランディングは私が先頭を走っている感じだから……。どうしよう。

海外商品ブランドの隆盛はチーム体制にあります。当社が提携する海外クリエーターは「商品作りに必要なのはブランディングディレクターとデザイナー」と言いますし。

ブランディングこそが商品の未来を左右するスキルなのですね！

彼らは、商品の魅力を最大限に引き出すことが、認知や売り上げを加速させると知っています。ブランディングは、商品の成長のための投資で、資産形成でもあるという認識ですね。

社長も部長も関心があるみたいだし、ブランディングの勉強会お願いします！

# ブランディング人材を確保せよ！

**商品作りのプロとして、商品を一番分かっているのはメーカーであり、その経営陣や商品担当者です。しかし、ブランディングのプロでもデザインのプロでもありません**。逆に商品作りの進化はメーカーが分かっていますが、デザイナーはもちろん分かりません。

私が新卒入社したのは、まち作りから内装まで手掛ける建築デザイン会社でした。在籍は短い期間でしたが、街や建築物をつくるために専門性を持つ多くの会社が、「役割分担」して街を造ったり内装したりしていることを知りました。だからこそ、ブランディングやデザインの業界に来て驚いたのです。専門知識や知見が少ないのに様々な仕事を受注し、他社と協業していないデザイン会社。商品作りの一作業として、社内人材だけでブランディングやデザインするメーカー。そして、売り上げのメインになる主軸商品なのに、ブランディングなんていらない、パッケージデザインだけしてもらえればいいと言われたことも。

今や、ブランディングはパソコンと同じくらいビジネスに必須ですが、私がブランディングの会社を創業して25年たった今も、実情は昔とあまり変わっていない気がします。

しかし競合する企業も海外ブランドも、情報自体も今より少なく、商品そのものの力と単体のデザインの力で売れた時代と、今は全く違います。**商品ブランディングを成功させるためには、全ての関係者がブランディングの知見を持つこと、ブランディング人材を確保することが必須**です。

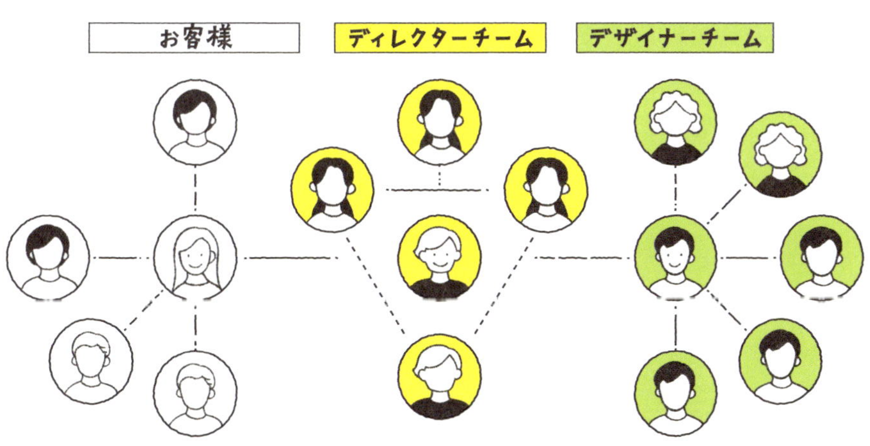


ブランディングを理解するチームを作ろう！

# 企画と研究開発は一心同体？

22

**商品を新しく生み出すためには、素材や製法の研究は大切な要素。便利なモノや時代に合うモノを求め続けてきた人類の歴史は、地道な研究の積み重ねの成果といっても過言ではありません。「企画は研究、研究は企画」あってのもの。モノづくりの成果は、この両輪の関係次第なのです。**

学生の就職活動アンケートなどを見ると、メーカー企業は人気ランキングで常に上位に挙がっています。B to C企業であれば、身近にその企業のモノがあって親しみを感じやすいですし、また、未来の社会に向けてどのような貢献ができるのか想像しやすいからでしょう。

メーカーが、“モノづくり”をするためには営業部門もバックオフィス部門も必要なのはもちろんですが、**要となるのは「企画」と「研究開発」の両部門**。こちらも学生人気が高い部門ですが、企画は文系、研究は理系、そんなイメージはありませんか？　文系と理系は大学では分かれて学びますが、企画と研究開発はメーカーに入社すると連携プレーを求められることが多いのです。新商品は、企画の市場調査からその芽を見つけるというイメージですが、研究開発の技術シーズ※から新商品の芽が出てくることも多くあります。

両部門は、市場はもちろん会社からもスピード感ある連携が求められ関連性がより強まり、相互理解によって本質的な連動を生み出すための人的交流が加速しています。**企画と研究開発は商品作りにおいては“一心同体”**と言えるでしょう。

※「技術シーズ」（英語シーズ：種）。技術力やノウハウ、着想の種。「消費者ニーズ」の対義語として使われる。

# 企画と研究開発は商品ブランディングの両輪

**事例：「ミルボン」（美容室専売のヘアケア・化粧品メーカー）**

「企画と研究開発が一体となるからこそ、“半歩先”の市場ニーズに応えることができ、新しい価値を提案することができます」。このような言葉が出てくる「ミルボン」。開発本部の中で、企画部門と研究開発部門が連携するようになって10年以上がたち、連動が当たり前になっています。ミルボンでは企画と研究開発の境界は、良い意味で曖昧な部分があります。これは両部門が日常的にミーティングを重ねて、新しい価値創造のためにできることは全てやり切ろう、という気持ちを共有しているから。企画と研究開発の相互理解はブランド戦略の始まりだといっても過言ではありません。

ブランド戦略の立案自体は企画部門の仕事ですが、ブランディングの社内浸透の重要性を共有しているため、両部門を軸に社内へ向けて発信するインナーブランディング※も強化しています。

さらにミルボンでは、人の気持ちを中心に考える＝HCD（Human Centered Design）との組み合わせを重要視しています。企画と研究開発から社内全体へ、その商品への理解が深まれば深まるほどに、商品自体が持つ「思い」が浸透し、商品の個性が際立って、ブランドへの道を歩み出します。

このように社内はもちろん、今や仕入れ先から取引先までサプライチェーンにいる全員が商品ブランディングしている感覚こそが、必要な時代だと考えています。

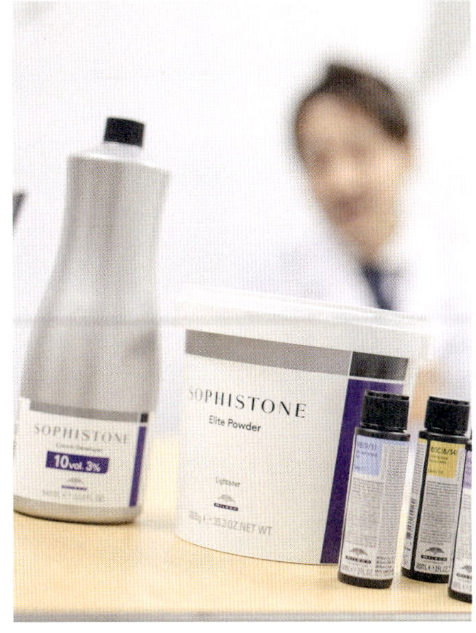


※企業理念や商品のブランド価値を社内へ浸透させる活動のこと。

# 23 社内の理解は必要？

**もう一つ、商品戦略で抜けがちなのが、社内理解や協力です。企業ブランディングで注目が高まっている「インナー（インターナル）ブランディング」。チーム作り、企画と研究連携に加えて、社内全体でブランディングを理解することは、売れる商品作りのために欠かせません。**

社内の協力は大切ですよね！　私の会社では全社で商品作りをしていくために各部署から人が集まって勉強会をしています。

いい取り組みですね。他部署のことを考える余裕なんてないって話をよく聞きますから。「自分ゴト」として捉えられる仲間がいれば、大きな力になります。

企画、研究、そして営業から流通へ、商品はバトンタッチしていくだけでなく、社内のメンバーの理解と協力があれば、もっと愛されるものになりそうです。

社内のメンバーがブランディングの意識を持って仕事をすると、社外の商品理解が変わります。「あの会社は商品ブランディングをちゃんとしている」なんて評判になれば、勝ったも同然ですから。

道のりは長いと感じるけれど、とっても楽しい未来になりそうです！　まずは部長に相談かな……。ヒビキさんもミーティングに入ってください（笑）。

そうですね、まずは自分ができるところから始めてみてはどうでしょう。例えば異業種の人たちと交流するのもオススメですよ。視点が違う業界だからこそ、どのような取り組みをしているのか、を聞きやすいですし。

なるほど！　久しぶりに前の会社の同僚と情報交換してみようかな。

私も大学の仲間たちに声を掛けてみます！

## 社内こそ最高の口コミパートナー

新しい商品はメーカーにとって未来への希望であり活力です。しかし実際に新たな商品を売っていこうと思うと、相当に労力がかかるもの。忙しい営業部や広報マーケティング部では、「今、売れている商品をさばくだけで精いっぱい……」なんて話も。流通やメディアなどの外部に提供した商品写真がボケていたり商品ロゴが違う色になっていたり、誤った形で使用される、そんな経験はありませんか。営業も広報も、その商品自体の理解も含めて、ブランディングの本当の意味での理解と共有が二の次になっているからです。営業はノルマがあり、流通からの要望に応える仕事に注力しているからこそ売り上げが上がりますし、広報もメディアに的確な情報を提供しているはず。しかし、**商品の“魅力”や“らしさ”といった価値を社内外へ最適に共有するためには、まずは社内でコミュニケーションをよく取り、ブランディングやデザイン共有のための時間をつくって、商品の価値を認識することから始めましょう**。

インターネットの世界が当たり前になり、SNSなどの口コミが重要な社会になっている今、社内の一人一人が、商品価値を理解することは重要な戦略です。そもそも、外の世界から見た時に、社内の意思統一がない商品を良い商品だと感じるでしょうか。**社内共有は時間がかかりますが、未来への投資を始めてみませんか？** ある日用品メーカーは、新商品の説明会を定期的に開催しています。続けていくうちに参加者が増えて、今では社内の全部門が参加するようになり、全社一丸で「売れる商品」作りの体制が整っているそうです。

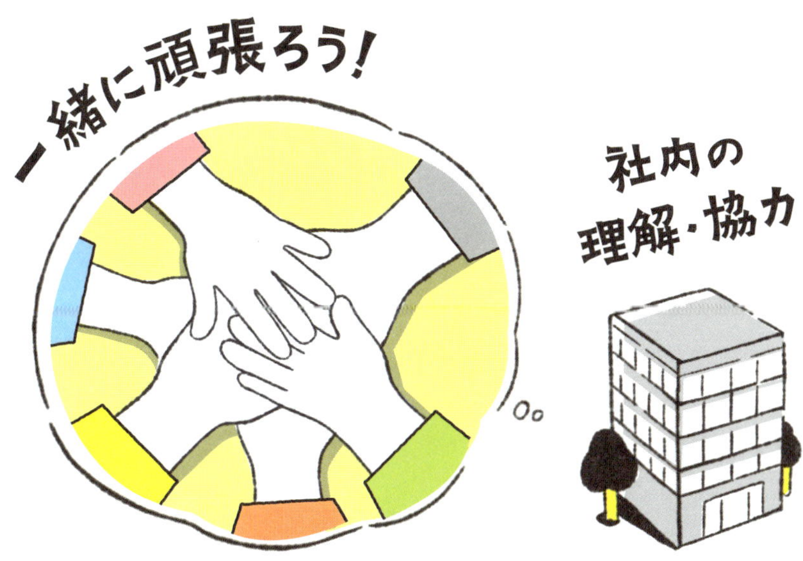

# 24 自社メディアや広報は無限大？

**商品そのもの以外の顧客接点として、自社サイトやオウンドメディア、SNSがあります。商品ブランディングでは社外とつながる重要なツールです。商品開発やブランディングにかかった時間や労力、費用に対して見合うよう、本腰を入れて取り組みましょう。**

広報が自社サイトやSNSからプレスリリースまで担当しているのですが、私たち商品担当との連携をもっとスムーズに、連動性を高めていきたいんです。

研究成果を自社サイトに掲載してもらうことがあるんだけど、法務部や品質保証部とかも関わるから、いつもとっても時間と手間がかかってしまうので、消極的になってしまいますね。「私たちの成果だ！」って大きな声で公開したいんですが。

確かに、オウンドメディアの運用は、この20年くらいで進化し続けてきた領域だから、改善の余地は大きい業務だと思います。問題は、その対象である自社サイトやSNSやプレスリリース自体も進化、変化しているからこそ、企業によってはある意味、試行錯誤の状態にあるということです。あとは、会社の経営陣が、若い時に今のオウンドメディアがなく、リアルな体感がないことも影響があるでしょう。

そうですね、私たちはずっと周りにあるのが当たり前で生きてきたから、感覚が違う部分がある！　いっそのこと、私たちに任せてもらえないかな……。

オウンドメディアって社外へ公開するためのメディアだから、難しそう……。

お二人の気持ちや感覚を、しっかり社内へ共有する場があればいいですね。経営陣もお二人も、会社が良い方向へ向かっていきたいという気持ちは一緒ですから。

そうですね！　今度、部長に相談してみます！

# オウンドメディアの価値は無限大

## 商品のお披露目会場で、コミュニケーションの場

オウンドメディアを運営する際に**一番重要なのは、ターゲットの立場になって考えてみること**です。ターゲットが欲しい情報、楽しめるコンテンツ、誰かに話したくなることは何か？を常に頭に置いて、商品の“魅力”や“らしさ”を感じる言葉やイメージ、商品の裏側にある開発ストーリーや情熱を表現していくのです。

商品開発秘話や開発途中の困難などのストーリーや研究、開発、営業の生の声は、思っている以上に効果があります。その内容によっては商品自体に愛着を持ってもらえて口コミを生み出すかもしれません。

商品そのもので“物語れ”という話もありますが、今や商品だけで全てを語り、認知を拡大することは困難な時代です。そんな中で**オウンドメディアは、商品にとっての“お披露目会場”であり、ターゲットとのコミュニケーションの場**です。商品写真と基本情報を掲載するだけなんてもったいない。開発やブランディングにかかった時間・労力・費用に対して見合うよう、運営に取り組みましょう。

また「プレスリリース」の重要性も増しています。昔は一部企業が公式発表をPR会社や広告代理店に依頼し、マスメディアに向けて発信するものでした。最近では、商品情報だけでなく、開発プロセスやエピソードなど裏側のストーリーまで知ってもらおうという広報リリースの形が注目されています。リリースは、記事化のためのツールから、大切な商品ユーザーに共感と愛着を感じてもらうためのコミュニケーションツールになりつつあるのです。

# SNSは商品を育てる？

25

**新規、リブランディングを問わず、今や商品ブランド認知の拡大は、ウェブやSNSなどのオウンドメディアが主軸ではないでしょうか。そんなオウンドメディアは、文字通り“自らがコントロールするメディア”。お客様とのコミュニケーションのために、SNSをうまく活用した「パインアメ」の例を紹介します。**

InstagramやX、YouTubeなどのSNSは、商品企画や広報などの「中の人」がサブ業務で運営できる、広告を出せば注目される、と思われていたのは今や昔。結果を出そうとしたら、綿密なプランニングと運用コストが必要とご存じの方も多いでしょう。

商品自体のブランディングから目標を決め、振る舞い方や世界観を計画し、画像や文章を作成。日々、競合をリサーチし、ターゲット層以外のSNSの世界の「みんな」を見据えて運営する。**本気で取り組めば、着実に成果を生み出してくれます**。

予算をかけてSNS運営を代行する企業に依頼する方法もありますが、**社員一人の思いから始まって成長し続けている「パインアメ」の事例をご紹介**しましょう。

パインアメの【パイン株式会社】（公式）Xは、2025年1月現在、20万フォロワー超えという人気アカウントです。

SNS活動は、「パインアメ」のリニューアルから5年がたった2010年8月にスタート。事務をしていた社員が個人的にハマっていたSNSに企業アカウントが誕生した報道を見て、無料で商品のアピールができることを、社内会議に提案しました。

「パインアメ」を好きな人にもそうでない人にも、この素晴らしさを知ってもらいたいと考えての提案ですが、当時の社内は誰もSNSが分からず、「君が担当して」ということで提案した社員が“中の人”になりました。

その後14年たちますが投稿は全て“中の人”に任されています。お客様とのコミュニケーションや商品を知っていただくことが目的で、お客様が笑顔になる投稿を心掛けているため、炎上などのネガティブなことは起こっていません。

## 生活に身近な商品はSNSと相性がいい

日々の投稿については、エイプリルフール以外は、全てその時の思い付き、という自然体の取り組みです。こつこつとつぶやいているうちに、他社の「中の人」が反応してくれたり、フォロワーも増えたりして、身近なお菓子とSNSは相性がいいと手応えを感じ始めていた2012年。笛型のラムネと混同して、「パインアメ」も音が鳴ると勘違いしている人がいるとの情報をキャッチしました。メーカーとしてここは一言と思い「パインアメは吹いても鳴りません」と投稿するとこれが大バズり。フォロワーが1日で何千人も増えました。

“中の人”同士のつながりから生まれたコラボレーションが多く、一つはゲームメーカー「セガ」の「龍が如く」。ゲームの中に「パインアメ」の看板があったり、回復アイテムとして登場したり。こちらは両社の“中の人”同士のつながりから生まれたコラボ。もう一つは毎年3月31日のオーケストラの日にプロのオーケストラの“中の人”を召喚した「パインアメ」チャレンジ。音が鳴らないはずの「パインアメ」もプロのオーケストラなら鳴るのでは？とオーケストラ奏者が次々とチャレンジ。オーケストラと「パインアメ」。AIも想像できない世界ですよね？

“中の人”は、日々「パインアメ」になり切り独自の世界観を広げていて、SNSの世界でみんなと小さな幸せを共有して、商品価値を育てています。

写真上／『龍が如く7外伝 名を消した男』（セガ）より 「龍が如く」シリーズ https://ryu-ga-gotoku.com/
写真下／プロのオーケストラ奏者がパインアメを鳴らすチャレンジ 仙台フィルハーモニー管弦楽団 https://www.sendaiphil.jp/

# 26 戦略は「人の本音」から考える？

**人は理性や合理的な判断だけでは行動しません。ターゲット層に商品の魅力を知ってもらい、売り上げげにつなげるためには、「本音や習性」について考えることが近道です。ターゲットに素早く認知してもらうために、どのような戦略を取るべきか、行動経済学の観点から考えてみましょう。**

本音かあ……。私は結構、本音で生きてるけど、他人の本音なんて分かるのかなあ。

本音と言っても、人としての本能的な部分での本音だったりするので大丈夫ですよ。本音という観点から見てみると、身近なところでたくさん見つかるはずですよ。合理的な判断ではなく、本音を刺激されて買ってしまったものはないか探してみてください。

食品にそんなことあるのかなあ……。食べたい！って欲望は常にあるけれど（笑）。

ダイエット中なのに、星付き有名パティスリー監修の新作のお菓子を買ってしまった、とか。ありませんか？

ありますあります！（笑）。

私は、コスパが良いものに弱いです。お金を節約したいのに、かわいい服で、有名ブランドのセカンドブランドだったりすると、つい買っちゃいます。

そうですよね、本音を刺激されると人間は弱いのです。それを狙った戦略を各社が様々に研究して打ち出していますよ。「新作」「限定」「セカンドブランド」といったアピールは効果があるんです。

新作も限定も本音を刺激するのか……。引かれているのはそのせいだったんだ！

## ターゲット層や売り場を観察して本質的な欲望を探る

**人は日々生活していく中で、様々な選択を行っています。**何を食べるか、どこに行くかといった小さなことからもっと重大な意思決定まで、合理的な判断をしているようで、**実は「本音や習性」など感情的な判断や直観によって合理的ではない判断をしていることを研究している「行動経済学」**が知られるようになっています。これは**商品ブランディングで戦略を立てる際も、非常に重要**な基準になります。「新製品」「限定」ということは、人の新奇探索性を刺激する普遍的な戦略と言えます。

ここで、心理学者マズロー氏の「欲求5段階説（下図）」を見てみましょう。人は自らの本能的で本質的な欲求や欲望にあらがうことは難しいのです。最近では「承認欲求」という言葉を耳にすることが増えています。これは、生活の大前提になる「生理的欲求」や「安全欲求」、そして「社会的欲求」が満たされる社会生活を送っているからこそ、生まれる欲求なのです（誰かに自分の能力や成果を認めてもらいたい、尊重されたい、という気持ちが生まれます）。そんな“人の素直な気持ち”に寄り添い**「人の本音や習性」に合わせた戦略を商品に合わせて使うべし**、です。商品のカテゴリーだけではなく、商品や売り場やターゲット心理も含めて検討しましょう。

人の本音や習性については、ノーベル賞の受賞者に行動経済学の学者が複数いらっしゃることを見ても明らかなように、数十年前から研究が進んでいます。経済学から行動経済学が生まれたように、○○行動学や○○心理学など多くの学問が生まれています。学問になっている戦略は、私たちの日常に溶け込んでいます。特に行動経済学は、商品ブランディングの戦略になる理論がいろいろとありますので次ページで取り上げます。

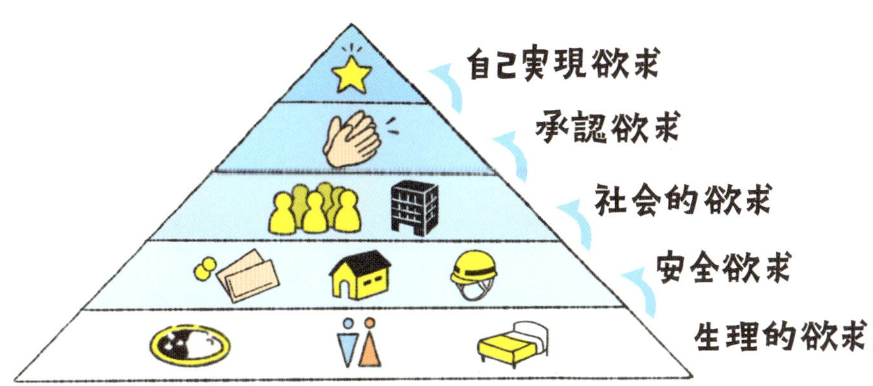


人の本音や習性を知って戦略に生かそう！

# 本音は「行動経済学」から？

27

**商品の売買は経済活動の原点です。商品の販売戦略は経済学を学ぶことから、と言いたいところですが、私はすぐに使えて結果をより出しやすい「行動経済学」をおすすめします。私たちの日常生活には「行動経済学」が満ちているといっても過言ではないのです。**

サラ

行動経済学ですか……。ちょっと難しそう。

マイ

そうかな？（笑）　私は興味津々です。研究に生かせる理論があるかも。

ヒビキ

人の自然な行動を心理学と経済学視点で読み解いていく学問です。これを使った事例は身近にあふれていますので分かりやすいと思いますよ。戦略を立てるタネや、ヒントになるはずです。

サラ

戦略を立てるヒントになるなら、ぜひ基本を知りたいです！

ヒビキ

いくつかの理論があるのでご紹介しますね。街やネットで見かける表現や手法、実は行動経済学の理論に基づいて作られていて、名前があると知ると、違った見方ができて面白くなりますよ。

マイ

ふむふむ……。こういう理論があるんですね。あっ、先日「人気インフルエンサーが使っている」という化粧品を買っちゃったんです。これ、ハロー効果っていう理論だったんですか！

サラ

私も「ランキング」は信頼してしまうのですが、これもそうだったんですね！

ヒビキ

行動経済学の理論を知ると、商品の奥にあるものが見えてきます。使い方のコツは、商品の特徴やターゲットに合わせて選ぶことです。私は、デパ地下で何を買おうかな、と回っている時に試食を勧められると、その商品をついつい買ってしまいますね。

# 人は合理的判断だけでは行動しない

商品ブランディングの戦略は、行動経済学からヒントを得たものが多く見られます。生活者としては当たり前すぎて「えっ？　あれもこれも」ってなるのではないでしょうか。そうです。私たちの日常は本音を刺激する商品であふれているのです。

では、一部の理論と商品の関係をご紹介しますのでメモしてください。

**①バンドワゴン効果**＝流行視点。多くの人がそうしているなら私も乗り遅れないようにしよう、という効果。例：○○パン、に「パリで人気の」とコピーを入れる、など

**②ハロー効果**＝ある対象の良い印象が、全体の評価にも好意的な影響を与えること。地位や認知度が高い人の声を正当化して、私にも良いことだと感じる効果。権威バイアス。例：人気シェフ監修、ランキング1位、モデル100人が高評価、など

**③プロスペクト理論**＝限定感。冬限定、初版限定、など様々な「限定」は、逃してしまうと損をするのではと考えてしまう理論。今だけミニサイズもセット、に弱い私です。

**④返報性の原理**＝「お返し」の心理。何かをもらうとそのお返しをしたくなる、という心理を利用する原理。認知が少ないカテゴリーや新規性が高い商品にオススメ。

**⑤松竹梅**＝日本古来の法則。松竹梅の3グレードがあると、一番売れるのは中間のもの。お国柄やカテゴリーによって、最高額の商品が売れたり最安商品が売れたりと注意も必要。

いかがでしょうか。これらを知るだけでも、スーパーやコンビニの多くの商品が行動経済学を取り入れていることを実感できます。人は皆、合理的な判断だけでは行動しないことを前提に戦略を立てましょう。

よくある販促にも行動経済学が取り入れられている！

28

# 色は戦略の最高クラス?

「色」は記憶に直結する重要なブランド戦略です。赤色ならあなたはどんな商品が頭に浮かびますか? 私は「ヤクルト」や「かっぱえびせん」です。黄色は「パインアメ」、シルバーは「アサヒスーパードライ」。色は記憶に直結します。あなたの頭に浮かぶのはどんなものでしょうか?

あなたが好きな商品は?と聞かれて頭に**思い浮かべるのは、商品名やロゴ・マーク、そして「色」**ではないでしょうか。それらは商品やブランド固有のものであり、**中でも「色」は「ブランドカラー」**と呼ばれます。「固有の」とある通り、**商品が持つ魅力や“らしさ”、そして、提供価値を連想できる「色」をブランドカラーにすること**が重要です。社長が緑色を好きだから……。そんな決め方は論外ですし、競合商品と同様の色や配色を選んでしまっては、せっかくの商品が埋もれてしまいます。

ブランドカラーは、企業サイトやカタログ、商品パッケージなど様々なものに与えられます。これらの色を決めて管理するために、「DICカラーガイド」や「PANTONE」などの特色のカラーチップの色や色番号を用いるケースが多く見られます。決められた色が、モニターでは光の三原色「RGB」で、印刷では印刷インキの基本色「CMYK」で表されます。

ここで、カラーを基軸としたコンサルティングビジネスを展開する「DICカラーデザイン」が考えるブランディングにおける色の役割について教えてもらいました。

# ブランドを形づくる色の記号性や心理イメージ

緑を見たとき、人は山々や草木、カエルなど自然物の緑や、信号や非常口の緑など、様々な緑のものと接した経験を思い浮かべることができます。それらの経験は、色を見ただけで具体的なモノやその時の抽象的な感情などを連想させ、さらに、象徴的なイメージの想起へと導きます。ある色を見たときに多くの人に共通する連想が生まれた場合、その色は特定の情報を伝える機能を持ちます。これを「色の記号性」と呼びます。色の記号性は、「ヤクルト」の赤といったブランド性、乳製品であれば青と白の組み合わせ（配色）による商品カテゴリー、苦みのある緑茶なら暗く濁った緑、カロリーオフなら軽やかな印象の明るい色、といった形で、味や成分の状態なども伝えることができます。さらに、色には、茶色は「落着き」、紫は「ミステリアス」、緑は「安心」、濃いブルーはロイヤルブルーともいわれ「高級感」をイメージさせるように、心理的な効果もあります。

これらの記号性や心理イメージと、商品の特徴やコンセプト、顧客への提供価値を紐づけてカラーデザインを設計することで、消費者に商品の世界観を効果的に訴えることができます。ただし、気をつけたいのは、色の記号性や心理イメージは、その人が生きた時代や国、所属する社会背景などによって認識の共通性が異なる場合があるということです。戦略的なブランドカラーの検討には、商品を投入する市場の動向やトレンド性などを把握することも非常に重要です。

# キャラクターは重要？

29

**ペンギンにゾウにキリンにライオン、犬や猫など動物系から、「目」だけや人間ではないけれど人間っぽいキャラクター、そして植物や食品自体など、キャラクターには実に多彩な展開があります。これらは、商品認知の向上やイメージ定着に重要な役割を果たしています。**

**商品の認知度や親しみやすさ向上を図る戦略として「キャラクター戦略」**があります。商品に合わせたキャラクターの採用は、**記憶に直結しやすくとても重要**な戦略です。キャラクターは、年月の経過につれて社会全体に愛され、育てられていく面があり、「みんなが知ってる」なんてレベルまで行くと、その経済価値は計り知れないものになります。

一方で、子猫や赤ちゃんは多くの人に好まれるはず、といった安易なキャラクターは、個性に乏しく認知しにくいだけでなく、ブランドイメージに一貫性がなくなる可能性も。

皆さんの記憶にあるキャラクターは、単に人気の動物をつけたものではないでしょう。なぜなら、**キャラクターからそのブランドならではの特徴や個性、ストーリーを感じられないと記憶になりにくい**からです。短期間での変更も認知を上げにくく、**キャラクターに着手する際は商品ブランディングにおける整合性に注意**しましょう。そうして認知を得たとしても長年愛されてきたキャラクターは、時代や事業の変化に合わせて、調整したり新しくしたりすることが必要なタイミングが訪れます。ではキャラクターの事例をご紹介します。

※「技術シーズ」（英語シーズ：種）。技術力やノウハウ、着想の種。「消費者ニーズ」の対義語として使われる。

## キャラクターには意味もメッセージもある

**事例1：「マロニーちゃん（マロニー）」**

当初は創業者のニックネームから「ヨーちゃん」という名前でしたが、キャラクターは「マロニーちゃん」として浸透していました。ブランドリニューアル時に、世間の認識もあり商品とキャラクターの統一性から、キャラクターも商品と合わせて「マロニーちゃん」に改称。実は、もやしの製造から始まった「マロニー」社だから「マロニーちゃん」はもやしの妖精として、もやしの葉が付いているのです。ちなみに「マロニーちゃん」は、老若男女皆の商品だから性別・年齢は不詳なのだそうです。

**事例2：「ゆかり（三島食品）」**

ふりかけの「ゆかり」は、人の名前のように感じませんか？　実は人名ではないそうです！　このネーミングのおかげでブランド認知が高くまねされにくい独自のポジションを築いています。赤しその名前を考えたとき、商品の色が紫色であること、皆様との「ご縁」を大切にしたいとの思いから、「ゆかり」と命名したそうです。その後「かおり」や「あかり」などを発売し、世間からの“人名っぽい”といううわさを受けた形で「ひろし」や「しげき」など話題を集める商品を次々と発売しています。ふりかけであり調味料でもある「ゆかり」は、その認知度や信頼性からB to B、B to Cを問わず様々なコラボレーションを生み出す価値あるキャラクターです。

30

# コラボや起用は商品を生かす？

**ブランディングは自己紹介、自己表現です。しかし、商品ブランドとしての認知がある程度あれば、自社商品で「他のものを起用」することで、新たな商品価値をつくれます。著名なキャラクターのライセンス商品やコラボ商品もいいものですが、起用というメーカーの意志を演出する戦略もあります。**

商品やパッケージに著名なキャラクターなどを掲載して、そのキャラの認知との相乗効果を見込む**「キャラもの」や「コラボ商品」**は季節限定などでよく見受けられます。商品戦略に基づくお客様の拡大やコレクション欲を刺激するなど、日常生活に根差した商品展開です。その中でも、**「起用」という戦略の成功事例**が近年増えてきています。

**事例1：「美鍋」（神宗）**

お出汁で極めるお鍋の素シリーズの新商品。パッケージは、食品パッケージで一般的なリアルな料理写真ではなく、個性の異なる複数のイラストレーターを起用、“映える”イラストがキービジュアルになっています。各製品の味わいに合わせたイラストは、ブランドが伝えたい豊かな食のシーンから広がる世界観を表現し、メーカーの真摯な姿勢も伝えています。

# 日本ブランドの表現としてイラストレーターを起用

**事例2：「日本イラストレーターシリーズノート」（国誉商业（上海））**

日本の文具メーカーを代表する「コクヨ」は、中国でも人気の文具メーカーです。中国でも「Campus」ノートへの信頼度や認知度も高いのですが、表紙にイラストが書いてあるノート（ファンシーノート）が中高生を中心によく売れています。中国のコクヨは、ただイラストノートを発売するのではなく「日本発のメーカー」を起点に考えて、日本のイラストレーターを紹介する「日本イラストレーターシリーズノート」を2015年からシリーズ化して、年2回の需要期に合わせて期間限定で発売。中国ではマンガや映画に加えて日本のイラストも人気があることから、「国誉商业」が発売する意義もニーズもあると判断。毎年新しいイラストレーターを起用するブランディング戦略を取っています。

左の「美鍋」と同様に、イラストレーターをノート裏面に記載することから、“日本発の企業”を表すとともに、中国という広大な市場に向けて日本の新進気鋭のイラストレーターを紹介しています。イラストレーターにとっては大きなチャンスでもあり、まさに“三方よし（売り手よし、買い手よし、世間よし）”の商品ブランディングです。「国誉商业」もイラストレーターも購入者もうれしいブランドとして、「日本イラストレーターシリーズノート」はアジア各地域への展開を拡大しています。

ブランディングの

# う ブランディングは売れる!

3.1

**こんなふうに思っていませんか？　「うちの商品の方が品質が良いのに競合はブランディングして売れ出して困っている……」。生活者は専門家ではないので、本当の品質を見分けることは難しい。ではどこで判断しているのか、それはブランディングの有無や質です。**

パッケージデザインは頼んだことがあるけれど、ブランディングはどの会社へどの程度の予算で依頼すればいいのか、その前にどのように何を成果物として依頼すればいいのか、などで悩んでいる間に時間がたってしまい、いつの間にか競合が動いて状況が悪化した、ということはありませんか。
競合がブランディングに着手したことで、シェアを逆転されたり、流通からの見方が厳しくなったり、そのうちに商品だけではなく、人材採用が難しくなって採用計画にまで影響が出るなど、課題が積み上がった厳しい状況でご相談に来られることも。**大切な売り上げやシェアを失って初めて事の重大さに気付かれる**のですが、ブランディングを後回しにしていると状況が悪くなっていることが多いと感じます。
一方で、会社の成長を次のステップへ上げるため、商品開発フローを見直して新商品の素案段階からプロジェクト化するなど、前向きなブランディングの取り組みのご相談も増えています。
お客様から「ブランディングを取り入れると商品は売れますね」と言われることが増えてきました。ブランディングの楽しさやその価値を広めていきたい私にとって、とてもうれしいことです。ただし、「売れる」のは結果として、です。**ブランディングすると自動的に、直接的に売れるわけではありませんのでご注意ください。ブランディングという打席に立つことで売れるチャンスは来ます！**　勇気を出して世界を変えていきましょう。

# 3章

## \ 基本編 /
## パッケージデザイン

～ 商品価値を最適化して伝える ～

売れるパッケージデザインは「神カキクケコ」!
私もブランディングに興味が湧いてきました!
ところで
売れるものを作るためのブランディングはデザインと関係あるの?
密接に関係ありますよ
ブランディングから生まれる個性を見える化するのがパッケージデザインです
お二人とも デザインに興味や関心が高いのではありませんか?
はい!!
デザインは見るのも考えるのも楽しいです!!!
ジャケ買いします!
ということは、パッケージデザインはブランディングの集大成?
そうです!
そして売れているパッケージがどういうものかを分析するために、私が編み出した法則があるのでこっそり教えましょう
法則?
どんなデザインにするかのアイデアじゃなくて?

アイデアも大切ですが
パッケージデザインは
「何をどの優先順位で」
デザインするかが肝心です
それは
ブランドになること
=
「記憶」にアプローチする
視点で考えていきます
記憶
優先順位
料理の「さしすせそ」のように
パッケージデザインは
「神カキクケコ」
で見ていきます
えっ？
神って神様？
はい、「神対応」みたいな感じですかね
神という字を分解すると、「ネ・ロ・十」の3つになる
そこから、
ネ・ロ・十カ・キ・ク・ケ・コ
では、神カキクケコを
解説しましょう
① 神 ② ネ・ロ・十
③ ネ・ロ十カ・キ・ク・ケ・コ
よく分からないけど
覚えやすいですね！
よろしくお願いします!!!

# 「商品ブランディング」のパッケージ

32

**商品の"魅力"や"らしさ"を可視化するのがパッケージデザイン。商品が魅力的に見えるかどうかは、商品ブランディングにとって最重要事項と言えるでしょう。そんなパッケージデザインを考えていくためには、考慮しなくてはいけないポイントがいくつかあります。私が編み出した分析方法「神カキクケコ」をご紹介しましょう。**

サラ

パッケージは、私の営業経験が生きる！　商品のどこを見て何に引かれて買うのかな、とよく観察していました。私の感覚ですが、売れる商品は「顔」が整っています！

ヒビキ

顔が整っている……。いい表現ですね。商品名や写真、コピーがパッと目に入るかどうかなど、入れる要素が多いだけに、バランスが整っているかは大事です。

サラ

俳優さんみたいに整っている＋個性というか味わい深いデザインのものが売れている気がします。

ヒビキ

実はパッケージデザインを分析するために良い方法があります。料理で「さしすせそ」の順番で調味料を入れていくのと同じように、パッケージデザインを「神（ネロ＋）カキクケコ」の観点から見ていくんです。これはパッケージデザインでの優先順位に沿っています。

# 可視化は「ブランド」になる原点

マーケティングを行う際、ターゲットが商品を認知・検討・購入するまでの一連の旅「カスタマージャーニー」を描くことがあります。**商品視点では「ブランドジャーニー」**ですね。**「認知 → 店頭 → 購入 → 体験 → 感情に響く → 記憶 → さらなる体験 → 心理的な賛同者になる（口コミ行動・ロイヤル顧客化）」という流れ**です。

この中で一番インパクトがある体験は何でしょうか。それはパッケージデザインと出会うことです。店頭やウェブは、ターゲットと商品の最初の接点であり、魅力的に見えるかどうかが勝負だからです。ある商品が価値ある「ブランド」になれるかどうかという点において、パッケージデザインは大きな意味を持ちます。

1969年に販売されたのは、スペインの著名な画家サルバドール・ダリが、レストランで知人から依頼されて、その場で描いたロゴの「チュッパチャプス」。1952年（昭和27）に販売されたのは、バスの運賃が15円だった日本において、150万円という高額でデザインされたタバコ「Peace」。いずれも今に至るまで当時のデザインの原形をとどめています。優れたパッケージデザインは、企業にとって資産であり、投資でもあるのです。

本章では、そんな**パッケージデザインをよく理解し、分析するための「神カキクケコ」**について詳しくご紹介していきます。

https://www.chupachups.jp/メントスの歴史
たばこパッケージにみるデザインのチカラ　https://www.jstage.jst.go.jp/article/shikohinbunka/2019/4/2019_07/_pdf/-char/ja
都営バス資料館　https://toeibus.com/archives/17855#google_vignette

# 33 ネ：ネーミングは変えられない？

パッケージデザインの「神（ネロ+）カキクケコ」。最初は「ネ=ネーミング」です。あなたが好きな商品を思い浮かべてみてください。「商品名=ネーミング」が一番先に浮かぶと思います。商品価値の出発点が、ネーミングです。よほどのことがない限り、変わらず、生涯使い続ける財産です。

好きな商品を思い浮かべると、確かに商品名が一番先に来ます！

私もロゴやマークが好きですが、商品名の方が強く記憶に残っていますね。

そうですね。商品名に勝る記憶はないでしょう。それ故に覚えにくかったり、一般的な商品名だったりするのは致命的だと言えます。商品名は基本的にはずっと変わりません。人は会話をすることでコミュニケーションする動物ですから、当たり前のことかもしれませんね。

そっか……。今まで会社では、担当者が商品名を決めていたみたいなんです。今回、リーダーの私がしっかり考えて提案してみたいな。

ブランディングの根幹を成すのが商品名。リーダーが考えることは賛成ですが、ヒット商品を生むにはより大きな視点を持つディレクターや専門のコピーライターにも力を借りるのもいいですよ。

そうします！　どういうネーミングがいいのか悩みますが。

ネーミングには様々な手法があります。書店でも専門の本や辞典があるので様々な角度から検討してみることです。良い案がいくつか出たら社内で投票をしてみるのもいいし、リサーチ会社でターゲット層を集めて意見を聞くこともオススメです。類似の商品名や他社の権利侵害がないかを弁理士に確認することもお忘れなく。

## 「命を吹き込む」から“命名”

日本にはネーミング専門の会社はまだ少なく、ネーミングは商品担当者の仕事になっていることも多いのが現状です。昔、ヒットした商品の名前が社長の鶴の一声から生まれたものだったり、始めにデザインありきで感覚的に決めていたり、という過去の成功体験を引きずっている会社もまだ多いです。

しかし**商品のイメージはネーミングで大きく左右されます**。類似商品がたくさん販売される中、記憶されて選ばれるポジションを確立するためには、いろんな要素があるとは言え、ネーミング次第といえるでしょう。そして、多くの場合、ネーミングは一度決めたら変更するのは難しいものです。**パッケージデザインの「神（ネロ＋）カキクケコ」。最初が「ネーミング」**であることをしっかり念頭に置いてください。

例えば、ですが、「ライオン」の「休足時間」はご存じですよね。立ちっぱなしの展示会や撮影の後などに、ピッタリの商品です。見た瞬間に、休息→休足！、そして、「時間」というキーワードも「これだ！」と感じませんか。私は買いだめしています。

そして、「カルビー」の「じゃがりこ」。開発担当者の友人「りかこ」さんが開発中のものをおいしそうに食べる姿から、「じゃがいも＋りかこ＝じゃがりこ」だそうです。ネーミングの由来もほのぼのとすてきで、楽しくサクサク食べられそうな語感ですよね。これが、商品そのままの「じゃがいもスティック」だったら、これほどヒットしたでしょうか。

いずれも、商品に最適な“命を吹き込んだ”ネーミングによる価値がわかる事例です。一度聞いたら忘れられない、そんなネーミング開発を目標として、商品企画や研究とディレクター、全員でアイデアを出して商品名を決めることがおすすめです。

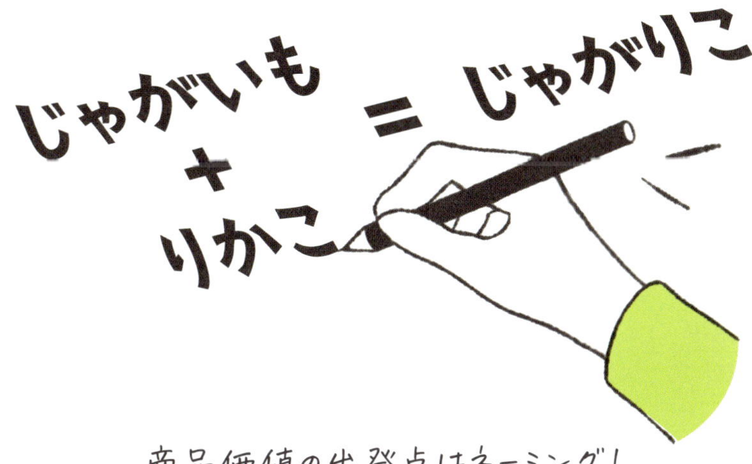


商品価値の出発点はネーミング！

# 34 ロ：ロゴはそんなに重要？

ネーミングと連動するロゴやマークのデザインは、商品の立ち位置を決める最上位のものであり、記憶を増幅させる機能があります。パッケージはもちろん、様々なメディアに共通で露出する、商品価値になる「神」です。ネーミングの“ネ”とロゴの“ロ”と“+”、この3つで「神」という字になります。

サラ

パッケージはロゴ次第で雰囲気がガラッと変わりますよね！

ヒビキ

鋭いですね。その通りです。ロゴが商品のステージを決めるとも言えるほどです。

マイ

私は「推し」の研究機器メーカーのロゴや刻印を見ると、安心と信頼を感じます。

ヒビキ

ロゴやマークは不思議なもので、記憶の中では少し曖昧だったりするのですが、実際に見ると、かなりの効果を発揮します。それだけに、大手メーカーでは商品ごとに運用規定があって、信頼や保証などの商品品質を一定化しています。

サラ

前のインテリア業界でも、高級な商品を作るメーカーのロゴと、日常使い用の商品を作るメーカーでは、商品ロゴに結構な差があったので、ロゴは大切だと思います！

ヒビキ

その視点は、ブランディングに通じるものです。何でも高級であればいいのではなく、商品にちょうどいいロゴやマークが商品を記憶させる“鍵”になります。

サラ

インテリアはパッケージがないか、あっても購入時しか見られないことが多く、商品に刻印したりするロゴは、商品の格を表す貴重なデザインなので各社とも凝っていました！

# 「名は体を表す」ネーミングとロゴを

「ネーミングはまだ仮ですが、ロゴデザインは進めてください」――。こんな悲しいことを言っている人がいたら、すぐに改めてください！　ロゴはネーミングに合わせてデザインするものですから、仮のネーミングで作ることは無駄になりかねません。

ロゴの基本的な作り方のステップを記します。

①商品の“魅力”や“らしさ”から生まれたネーミングに合うフォントを見つける
②各フォントの太さ・字間・配置・強弱のパターンを作る
③各フォントから最適なパターンを選ぶ
④商品の“魅力”や“らしさ”から生まれたネーミングに合わせて③のフォントをデザインする
⑤パッケージデザインに落とし込んで最適になるようにデザイン調整する

まずはモノクロ（白黒）で作ってみましょう。色が入ると色の先入観から感じ方が様々になるため、モノクロでスタートすることをオススメします。

ロゴは、**シンプルでかつオリジナリティが高いほど記憶に直結しやすく、マーク化して他との差別化を図ることがブランドとしての未来につながる**のです。ロゴはセンスと発想力と技術力が融合してこそ成せる、デザイナーの必殺技です。

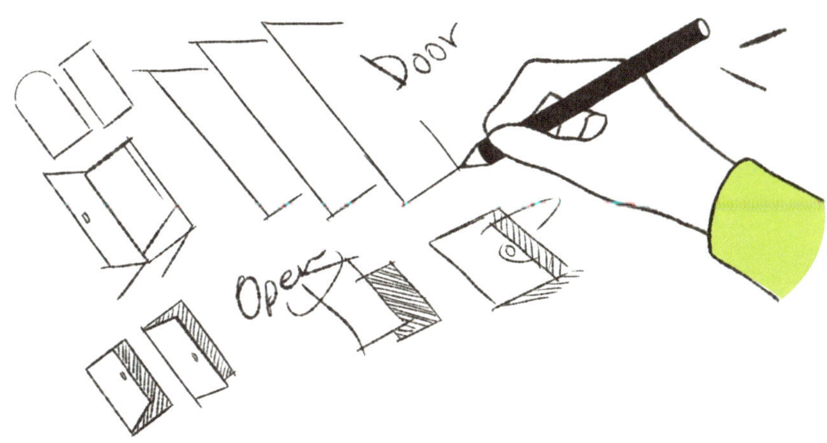


ロゴは商品を記憶させる“鍵”！

35

# カ：カラーは計画的に？

「神（ネロ+）カキクケコ」の「カ」は「色＝カラー」です。人の感覚や感情の動きは色によってかなり違うため、よく検討する必要があります。また、商品が売れると、味違い、サイズ違いなどのバリエーションを展開することもあります。先を見据えてカラー計画を立てましょう。

一つ目の商品の色で社内の意見がバラバラなのに、その先まで見据えて色を考えるなんて！　どうすればいいのでしょうか……。

意見が分かれるのは見ている視点が違うのではないでしょうか。商品の個性や“らしさ”は何か、その特徴を伝える色は何色か、という感じで交通整理していきましょう。

個人的な好き嫌いを言われたり、以前売れた商品に合わせたらという人もいたりで困っています。ブランディングの基本ステップの時は合意できていたのに。

研究所では、ミーティングの冒頭に、プロジェクトのゴールと前回までの復習を話してから、「で、今日は……」と進めています。皆さん忙しいし、いくつものプロジェクトを抱えているから、その場だけの話にならないようにしています。

良い取り組みですね。色は一見簡単に感じるから、皆さん意見を出しやすいんですが、実は専門知識が必要な分野です。ターゲットや商品コンセプトに合う色はどんなものか、その後の商品展開はどうしたいのか、ディレクターやデザイナーも含めてよく相談してみるとよいですね。

社内だけで決めるのも、デザイナーにお任せなのもダメなんですね。

「売れる色」と人間の心理の関係についても、分かりやすい本やサイトがいろいろとありますので、学んでみると面白いですよ。

## 再現性と継続性が難しいカラー

商品のパッケージデザインに使う色は、ブランディングに基づくということは基本ですが、様々な**障壁を見越して作っていきます**。ブランディングに合わせた商品の特徴や“らしさ”を表現する色は当たり前のことですが、まずは基本のポイントをご紹介しましょう。

- ターゲット層の受容度や流行、文化を意識した色
- 印刷方法と色数を考慮したデザインと配色
  →印刷方法によって苦手な表現（画像やグラデーションなど）があるため、パッケージデザインに着手する前に、どんな表現が可能かを確認が必要です。
- 素材や印刷方法が違う商品展開を考慮した色
  →全ての商品に共通色として採用したいブランドカラーが同じ色に見えるように、色の設定をあらかじめ検討することはとても重要です。
- 箔（はく）押しやエンボス、マットニスなどの加飾を考慮した色
- 商品が並ぶ店頭や使用時の照明・照度などを考慮した色
  →派手な色遣いの商品が多い棚、薄暗いバーに並んでも見えやすいお酒など、商品が並ぶ場所を想定してカラーをデザインしましょう。

パッケージデザインでどのような色を使うのかについては、資材の調達などで予算が厳しい場合も多いでしょう。しかし**予算を最優先すると、商品の価値がうまく表現できない可能性もあります**。色の知見を持ち、予算面も理解してくれるブランディングデザイン会社、印刷会社と相談して決めていきましょう。また、**カラー計画を円滑に進めるためには、担当者自身が最低限の色の知識を身に付けておくことも必要**です。

36

# キ：企業ロゴは必要？

問題です。商品パッケージを見て購入を決定するとき、どこのメーカーの商品か、気になる？　ならない？　答えは「気になる」ですよね。安心でき信頼できる企業の商品かどうか、消費者はよく見ています。企業ロゴは、小さくても視界に入ればよくて、いつもの場所にあるだけで安心できる、そんな存在です。

企業ロゴって、とっても大切なんですよね！　会社のロゴのガイドラインを見て、たくさんの決まりがあって驚きました。ガイドラインは絶対守ること、と教わりました。

そうですね、マニュアルに沿うことで、企業の商品群が一体となって見えますから。

ロゴのガイドラインって、誰が作っているのですか？　業界的なルールとかあるのでしょうか？

基本は企業ロゴをデザインした会社が作ります。業界ルールはありませんが、同じようなスタイルが多く、暗黙のルール的な感じかと。私たちもガイドラインを作りますが絶対ではなく、拡大解釈も時にはアリなどフレキシブルになりつつありますよ。

企業名が手書きで入っていたり、英字になったり、最近いろいろと目にしますよね！

よく見てますね！　商品競争の激化はもちろん、新しい販売チャネルが生まれたり、ターゲット層が変化したりと商品を取り巻く環境も変わってきていますから。

変えてもいいものなんですね。

企業ロゴは、企業CIといわれる「コーポレートアイデンティティ」の一つです。企業のアイデンティティはそのままに、時代に合わせて変えていくこともあります。

ロゴには会社の思いが込められていますもんね。

# 企業CIは信頼や品質保証のバロメーター

店頭でもネットでも、気になる商品があったら無意識にどこのメーカーのものかを確認しているはずです。企業ロゴは、そのメーカーの全ての商品を通してある程度の位置や大きさを決め、それぞれの商品が同一メーカーのものだとわかるように配置します。買ったことがない新商品でも、商品購入経験があるメーカーの見覚えあるロゴがついていれば、品質が保証されている気がして、購入の後押しになるかもしれません。一方、知らない企業であれば、企業サイトを確認したり口コミを見たりして、どんな会社なのかを確認しませんか。もしそのロゴが企業ポリシーを表現するものなら購入に向けての判断材料になるでしょう。例えばグリーンのロゴマークで、環境保護を意識した会社であることが分かるなどです。

**企業の特性や独自性を外部に伝える、企業CI（コーポレートアイデンティティ）において、ロゴは重要な要素**の一つ。そのため、使用方法やカラーの定義など運用の際の細かなガイドラインがあります。レイアウト上でどのような場所に配置するか、サイズや背景色等、統一事項を守った運用を行います。これから商品を作るスタートアップ企業などは、最初の商品を作る際に、どのように企業ロゴを配置するかを決めましょう。

企業ロゴは、あまり古い印象のものは商品にとってマイナスになりかねないため、適宜リニューアルしましょう。イメージはあまり変えず、新しい雰囲気に変えることも可能ですから。

ちなみに、ロゴのガイドラインの内容は、時代や作り手によって意外と違います。時代が変わりつつある今、状況に応じて変えていくことも検討しましょう。販売方法、チャネル、地域、ターゲットなどが変わる、広がる時代ですから。

企業ロゴは購入の後押しになる！

# 37 ク：グラフィックでジャケ買い？

**パッケージデザインは、広く捉えればグラフィックデザインでもあります。アートのようなロゴ、思わず見てしまうインパクトのある写真など、「ジャケ買い」をさせるほどの魅力的なパッケージがありますよね。商品から広がる新しい世界を伝えるグラフィックは、パッケージを彩る欠かせない要素です。**

グラフィックとは、写真や絵、イラストなどのことですよね？

はい。パッケージデザインではそれら以外にも、背景の模様などのビジュアル要素も含んでグラフィックと言います。ロゴ、コピー、商品写真以外のものです。

パッケージには確かにグラフィック要素がいろいろありますね！

ロゴやコピーをサポートしてイメージを膨らませるために、グラフィック要素をプラスするのが有効なんです。

ロゴの背景のストライプ模様とか幻想的なアートのようなあしらいとか、意識してみると、結構見えてきます！

パッケージは「レイヤー」のデザインです。何層ものデザインを重ねている場合が多いですね。重ね着スタイルと言いましょうか。一見シンプルだけれど、要素が重なっていると奥行きやニュアンスがプラスされ、パッケージデザインがランクアップするんです。

おしゃれでも、アクセサリーや羽織ものをプラスするとすてきに見えるのと同じかも。

そうですね。模様やパターン、ワンポイントなどを重ねて工夫したパッケージデザインは、小さくても存在感が出せますよ。

## アニメの主人公の登場シーンのように

「グラフィック」の定義からは外れますが、本書ではパッケージにおいて、演出効果を担うデザインを「グラフィック」と定義します。そんな**「グラフィック」には、商品やロゴの魅力を増幅させる効果があります**。例えば、アニメの主人公の登場シーンのように周りがキラキラ光ったり、世界観を演出したり。真っ白な箱に、濃いブルーのグラデーションがあるだけで、深海を感じたり心が落ち着く感じ、ありませんか。カラフルなストライプが描いてあると楽しくなりますし。麻袋のような背景を敷くと、自然な素材感を演出できます。パッケージは、ネーミングとロゴ、カラーそして企業ロゴとコピーという要素が必須で、それだけで成立するとも言えるのですが、商品から広がる新しい世界を人々に感覚的に受け取ってもらえるのは、グラフィックがあるからです。CDのジャケットに一目ぼれして買う=「ジャケ買い」も、グラフィックの役割が大きいのです。

最近では、「パケ買い」なんて言葉もよく耳にしませんか。化粧品を買うときに経験したことがある人は多いでしょう。商品の中身も大切だけど、パッケージデザインに引かれて思わず買ってしまう、そんな「パケ買い」にもグラフィックは生かされます。

シンプル・イズ・ベスト、パッケージデザインは引き算の美学、とも言われますが、言葉で説明できない店頭で、**一瞬で商品価値を伝えるためには、グラフィック要素の足し算が必要なこともあります**。ターゲットがその商品を見ただけで、使用シーンを想像してワクワクしてしまう、そんなパッケージデザインを目指しましょう。そのためには作り手側がターゲットの気持ちになって、**どんなデザインが効果的か徹底的に考え、試行錯誤して様々なパターンを試してみること**です。

# ケ：形状・素材・加工はセットで？

38

パッケージの「神カキクケコ」、「ケ」は形状、素材、加工についてです。ターゲットの目を引く形や素材、また箔（はく）押しやエンボス、特殊な印刷など、技術の進歩でできることは増えているはずです。予算によって難しいこともあるかもしれませんが、検討してみて損はありません。

形状に凝っているのは、飲料のペットボトルですよね。ブランドのイメージが伝わるよう各社が工夫しているなと感じます。専門店のお菓子やチョコレートのパッケージは、上質な素材がすてきで、取っておきたくなります。

加工にこだわっている商品も多いですよね。金箔が使われていると高級な感じがします。あと、最近、部分的に光って見えたりマットに見えたりする加工が気になりました。

お二人の言う通り、パッケージの形状や素材、加工は、インパクトが強く、印象に残りますよね。見るだけでなく触って、デザインを感じることができます。

確かにメイクの売り場に行って、かわいくてなんだか良さそうなパッケージのものを見つけたら、必ず手に取ってしまいます。衝動買いしてしまうことがあるな。

私はメイク用品はコスパ重視なんですが、容器がすてきなものは気になって後でじっくり調べてしまうかも。

神カキクケコの中で一番盛り上がっていますね（笑）。メーカーの人が聞いたら喜ぶでしょう。そんなふうに目を引くプラスアルファには、企業の思いが詰まっていますから。

そうですよね。今回のパッケージの形状や素材は、前回のものと同じでいいかなと思ってましたが、改めて検討してみようと思います。

## 商品の“魅力”や“らしさ”を印象付ける！

デザインは頑張って作っても、形状や素材まではよく分からないから最初から考えない、あるいは印刷会社にお任せ、「包材はとにかく一番安い素材で、色数もCMYKのみでいいし、箔押しなんてとんでもない」なんてことはパッケージあるある、です。費用がかかりすぎると思われているかもしれませんが、形状や素材の工夫や、箔やエンボスなどの加工は、組み合わせ次第で思いの外安価に収まることも。一度**イメージに合う加工や形状などはないか、調べてみては**いかがでしょうか。どのような仕上がりになるか想像し、チームで共有しながら検討していくのは手間が掛かると思いますが、商品理解が深まり、チームの結束も深まる貴重な機会になるはずです。

生活者視点で、他社の競合や他業界の商品などをリサーチしてみれば、自社の商品でも採用したら効果が出そうな形状、素材、加工が見つかると思います。特に加工は、わかりにくく費用が高いイメージが先行して敬遠されがちですが、意外と安価に実現できることも。だからこそ、箔やエンボス、特殊印刷など、加工の技術力を持つ印刷会社のウェブサイトも必見です。大手の印刷会社から専門の包装材印刷会社まで、昨今の技術の進化で可能になった加飾もあり、目を引く事例をいろいろと紹介しています。そうした例を元に、印刷会社やデザイナーに相談してみると話が早いでしょう。

あるカテゴリーで素材も形状もほぼ同じパッケージの商品ばかりだったところへ、全く違うタイプのパッケージを採用した商品が参入してひとり勝ちした、なんて事例も結構あります。

**大切な商品に「勝負服」を着せてやる気持ちで、時間と予算が許す範囲で何ができるか**を探ってみてください。

パッケージの形状や素材、加工は、インパクトが強く印象に残る！

# 39 コ：コミュニケーションでつながる？

「神カキクケコ」の最後は「コミュニケーション」です。商品にフォーカスするあまりに、作り手と受け取り手をつなぐコミュニケーションの表現を忘れがちです。パッケージに相手を思いやるコミュニケーションがあれば、印象はガラッと変わります。相手を想像してちゃんと話し掛けてみましょう！

コミュニケーションって、パッケージにいるのかなあ。商品の特徴や魅力を表現するだけで良いような気がするのですが……。私は見たことない気がします。

私はなんでもネットで買ってしまうのですが、最近買った段ボールを開けたら、内側に「この商品を使って楽しいひと時を」みたいなメッセージが印刷されてあって。商品が入っているだけの箱だと思っていたから、とても幸せな気分になれたんです！

「ごみはごみ箱へ」とパッケージに書いてある感情がない文字が、「リサイクルしてくれてありがとう！」という言葉になると、作り手の気持ちが伝わりますよね。

そういうことか！　確かにコミュニケーションはあった方がうれしいです！

そう、うれしくなるんです。やっぱり人間はコミュニケーションなしでは生きられませんから。商品によっては、パッケージではなくて紙袋やメッセージカードだったりもしますが、広い意味で商品ブランディングを考えたら、コミュニケーションは必要ですよね。

パッケージにおしゃべり口調な文章があったりすると、思わず読んじゃいます。そういえばパッケージにある英文をよく見ると……。日本語をローマ字にしただけだったので、思わず噴き出しちゃったし、友達に話したくなったことがありました！

パッケージデザインにはコミュニケーションもお忘れなく、ですね。

# 人と人をつなぐ感情を刺激する一言を

パッケージデザインは、コミュニケーションが入ってこそ完成！です。大切な誰かに何かを渡すときに、無言で渡す人はいませんよね。商品でも同じです。作り手から受け手へ、伝えたい思いを乗せてみましょう。今は、**商品選びのときに高品質・高機能といったスペックだけではなく、作り手側への「共感」「共鳴」ができるかといった点も重視される**時代です。

パッケージは商品を包むだけではなくて、心も包むものなんです。

代表的なコミュニケーションをいくつか記しますので、参考にしてください。

①商品を買ってくれた人への感謝の気持ち

②商品を使う時の感情に寄り添う言葉

③商品の食感や触感を表現して体験を誘う言葉

④企業姿勢を話して共感を広める

⑤隠れメッセージなど見つけてうれしい仕掛け

受験で祈願したり応援したりするチョコレートが思い浮かんだのではないでしょうか。特にコロナ禍以降は、メッセージとも呼べる言葉をパッケージに記載することが増えています。お互いにつながっていることを意識したからでしょう。

**商品を通じて、どんなコミュニケーションをすべきか、したいのか、**を話し合ってみましょう。作り手の本音こそが受け取り手への大切なおもてなし、になります。

# シズル感は写真以外も？

40

**食品や菓子、ドリンクなどの飲食系商品パッケージデザインでは「シズル感」が欠かせないと聞いたことがありませんか？　シズルとは、購入意欲を刺激する「おいしそう」な画像やイラスト、グラフィックのことです。写真やイラスト以外の要素でもシズルを感じさせましょう。**

**シズルとは、食欲を刺激するような、みずみずしさ、ジューシーさなどを感じさせる表現のこと**です。商品特性をリアルに感じさせ、購入意欲を刺激するために、シズル感のある写真やイラストを使うのはとても重要なポイントです。

そうしたシズルが重要な食品関連の写真撮影を行う際は、下記の流れが一般的です。

①メーカーの商品担当者と、ディレクターやデザイナーが、どのように撮影するかを検討。ディレクション（全体統括・進行管理）を通して、撮影全体をコントロール

②フードスタイリストが、お皿など撮影小物を用意し、材料を購入、調理

③カメラマンが、撮影機材やスタジオなどをセッティングして撮影（複数の撮影データを合成して1カットにすることも。その際にはレタッチャーが画像を補正加工する）

④デザイナーが、写真を商品パッケージに当てはめて最適化

実際には、もっと多くの工程が必要になりますが、パッケージが印刷される時の色校正や立ち会いと呼ばれる印刷工場へ出向いての最終調整が重要になります。

なお、シズルを感じさせるためには、写真とイラストだけでなく、ロゴ、フォント、カラー、形状や素材から、容器や形状、手触り感など、パッケージデザイン全ての要素が関係してきます。おいしそうと感じたパッケージをよく見てください。最初はロゴや写真やイラストなど、パッケージの一部に惹かれて商品を手に取るかもしれませんが、買い物カゴに入れた商品は、パッケージ全体から醸し出されるおいしそうなシズルを感じた商品ではないでしょうか。中身をよりおいしそうに見せることが購入へと導きます。**スーパーやコンビニに並ぶ商品を、「シズル」視点で観察**してみると、新たな発見があるはずです。

# 臨場感あるシズル写真で商品の本物志向を表現

**事例：「神宗」「美鍋」シリーズ**

「天然素材でとる本物の“だし”を身近に」をコンセプトにした、本物志向の鍋のもとシリーズ。この商品パッケージは、イメージ写真ではなく、イラストを使用しているのが特徴です（4章参照）。個性豊かで世界観のあるイラストが、買い手の心に「どんな味わいだろうか」と想像を膨らませます。

一方で、サイトやパンフレット、オウンドメディアには、完成したお鍋のイメージ写真も掲載。本格的で豊かな味わいのお鍋のもとシリーズであるというコンセプトを明確に伝えています。さらに商品がどんなものからできているのかわかるよう、商品に使われている厳選した天然素材のイメージ写真も掲載しています。商品が何からできているのか写真で見せることは、商品自体への自信の証しでもあります。

シズル写真は「切り抜き」と「シーン」があって、下記はシーン写真です。どちらにも利点はありますが、シーンはお鍋や器などの備品も商品に合わせて統一感を出すことが肝要です。

イラストと写真、お鍋から立ち上る香りを表現したキービジュアルイラストがセットになり、「美鍋」の世界を楽しんで食してもらえるシズルの表現が完成しています。

41

# エビデンスは使い方次第？

栄養成分や天然素材、環境負荷が低い素材、調理方法、各種認証マークなど、商品に関する様々な事実や根拠＝エビデンスを有効活用するコツは、優先順位とその重要度から、正面、裏面など配置までを決めることです。ターゲットに合わせて、エビデンスをパッケージデザインに生かしていきましょう。

エビデンスのことなら私にお任せ！　素材開発や商品開発では、常に重要な指標です。

そして最近では、SDGs、環境負荷、トレーサビリティなど、みんなの未来を考えた視点の商品作りが必須ですよね。

ほんとそう！　今は競合商品だけではなく、社会全体を見ながらどんな商品が必要なのかを考えて開発することが研究に求められています！

さすが研究職です。今や「みんなに、地球に、未来に」良い視点からつくる商品開発が必要。注目度が高いエビデンスをブランディングでどう表現するかも考えてみてください。

事実は事実だから、パッケージにそのまま表記すればいいのではないですか？

注目を集めている順に優先順位をつけて、正面や裏面に分けて表記したらいいんじゃないかな？

エビデンスはブランディングに基づいて、ターゲットに合わせて魅せることが基本ですが、経営方針や経営計画に合わせて優先順位を考えることもオススメです。1章のDNAや、3章のコミュニケーションなども合わせて読み直してみると、いいでしょう。

読み直してみると、理解が深まりました！

## 商品の事実は「ブランド」になる有効手段

私は“**スペックは一番の購入動機にならない**”とよく話すのですが、単なるスペックではないターゲットに響くエビデンスは、購入動機に直結します。例えば、いつ、どこで、誰が作って、どのような流通経路をたどってきた商品なのかを追跡できるようにする「トレーサビリティ」は、コーヒー豆などで見ますよね。生産時に児童労働や労働搾取していないか、流通経路は明白か、この事実から、買う買わない、信頼できるか否かという判断が発生します。

2015年に国際連合で採択された「持続可能な開発のための2030アジェンダ」に記載された国際目標「SDGs」は今や私たちの日常です。SDGsや環境負荷への配慮がない企業に向けられる目は厳しくなっており、原材料や製法、アレルギー表記の有無などにも誠実な対応が迫られています。

また、エビデンスは「マズローの欲求5段階説（p.79参照）」から優先順位を決めることがオススメです。生命や安全に関わること、例えば食物アレルギーは欠かせない情報であり、必ず正面に、読みやすい大きさで、表記することが定められています。ある商品のことですが、正面デザインが「商品名と原材料だけ」という大胆なパッケージがあります。「自然由来の原材料だけ、余計なものは入れない」というメーカー姿勢を表しています。エビデンスは、企業の経営方針に連動することも多いので、ブランディングでは**企業全体の動きも見逃さないようにしてください**。

# 業界の常識は使うべき？

42

食品では、食欲が減退する色としてブルー系は避けられる傾向があります。逆に、衛生材料や洗剤はブルー系が好まれ、鎮痛剤はシルバーやゴールドで直線的なグラフィックが多い。色だけでも業界やカテゴリーによって傾向があります。フォントやパッケージ素材、加工など、業界ならではの常識を押さえておきましょう。

サラ

食品にブルーはタブーだから暖色系でパッケージを作っているって聞きました！

マイ

スキンケアはブルー系が王道！　カテゴリーによって、使う色が違いますよね。でも、パッケージがみんな同じに見えて、買いたい商品が探しにくいことも……。

ヒビキ

普段から何気なく見ている商品ですが、業界ごとの“常識”があります。今まではその“常識”の中でのデザインが当然でしたが、常識を覆すデザインも現れています。

サラ

転職してから、デザイン賞のサイトをよく見ています！　これはなんだ？って気になる商品の実物をお店で見て、買いたくなる商品もあれば、そうではない商品も。

ヒビキ

どんな商品でしたか。カテゴリーによっては進歩的なパッケージもありますね。

サラ

グミの商品です！　新商品がたくさんあっていつも悩むのが楽しいです！（笑）冬になるとチョコレートが食べたくなるし、いつでもコンビニ活動が楽しいです！

ヒビキ

お菓子などの嗜好（しこう）品は商品の競争も激しいので、パッケージデザインも自由で、常識を覆す斬新なものが増えていますね。

マイ

業界の常識を変えていきたい！　でも、カテゴリーカラーになるような良い色はシェアが高い商品が独占しているし、全く違うカラーを使うのもビビってしまいます。

ヒビキ

様々な常識を把握した上であれば、チャレンジもできますよ！

## 多くの「○○の常識」海外展開は特に要注意！

パッケージデザインは、側面や裏面など含めて「**業界の常識**」を念頭に置いて作ります。商品を取り巻く「○○の常識」もいろいろあります。

①前項で紹介したSDGsや健康志向などの「社会の常識」

②ターゲットになる生活者の「年齢・階層別の常識」

③販売展開地域の文化や流行などの「国や地域の常識」

④リアル店舗、ネット販売、サブスクなど「売り場・売り方の常識」

⑤業界・カテゴリーの「業界ルール、自主規制の常識」

⑥著作権はもちろん、景品表示法、食品衛生法など「法律の常識」

基本的には上記の常識を持ってあやふやな部分は確認しながら作れると安心です。一部は法務部門が担当など、役割分担がありますが、デザイナーも含めて関係者はそうした常識に沿っているか、一方でその常識は今回も通用するかどうかという視点を忘れずに、ブランディングやパッケージデザインを進める必要があります。また、メーカーや商品ブランド固有の決まりごとなど、誰がいつ決めたか分からない常識もあります。ここは**時代や社会情勢などに合わせて、臨機応変に**対応することもお忘れなく。この本を読むことで、海外展開時に、日本の商品のままで裏面だけシール貼りしたらいいよね、なんて考えが変わるとうれしいです。

ブランディングの
# ブランディングは縁起がいい！

43

**こんなふうに思っていませんか？　「ブランディングは、結局パッケージやオウンドメディアのデザインを作ることですよね」。……いいえ、それだけではありません。ブランディングは、作り手と届けたい人をつなぐコミュニケーション作りで、デザインはその成果物の一つです。**

商品パッケージやウェブ、POPをデザインすることは、ブランディングの一部に過ぎません。ブランディングとはデザインのためのものではなく、商品を通じてメーカーという作り手と届けたい人をつなぐコミュニケーションを構築することです。これこそブランディングの本質とも言えます。

私は、この「コミュニケーション」を「縁起」と捉えています。「縁起」とは、「多くの人の力や恵みや支援を受けて生かされている」という仏教の根源的な教えに由来します。この言葉は、ブランディングの本質を見事に表していると感じます。例えば“招き猫”のような縁起物は人を引き寄せる存在であり、同じようにブランディングも人を惹きつける「縁起」を良くする行為だと言えるでしょう。

これから商品を作る際には、自らの商品の先にいる「届けたい人」を具体的に想像し、「こっちにおいで！」という気持ちを込めてみてはいかがでしょうか。デザインがブランディングそのものだと考えるのではなく、「縁起」を意識して商品を作ることで、より楽しくより魅力的なものになるでしょう。そして、人々に「縁起がいい商品だ」と感じてもらえたらうれしいですよね。そうした視点を取り入れて、商品作りを行ってみませんか？

# 4章

## ＼ 事例集 ／
## ヒット商品分析

～ ストーリー、データ、パッケージメソッドから学ぶ ～

# 44 「おいしく、香る」ベイクド製法をキービジュアルで訴求

「BAKED(ベイクド)オーツ」
カルビー

B to C(新商品)

## BRAND STORY

“オーツ麦で、毎日にいいこと” を事業ビジョンに掲げ、オーツ麦の可能性を追求するカルビー。健康志向の高まりからオートミールが「食物繊維が摂れる」「糖質が低い」という特徴で人気が広がる中、味や調理の手間に課題を発見。結果、簡単おいしいオートミールの開発を進め、おいしく焼き上げる「ベイクド製法」にたどりついた。加熱調理が不要でミルクやヨーグルトをかけるだけで簡単に食べられる新ジャンルを開拓した。基幹ブランド「フルグラ」と併せて、よりおいしく、手軽に楽しめる日本の朝を広めていくことを目指す。

## BRAND DATA

**イノベーション(新しさ)**：オートミールを香ばしく焼き上げ、ザクッと食感で甘くないから飽きのこない、加熱調理不要の「即食」タイプの新ジャンルオートミール

**ターゲット**：手軽においしく健康的な毎日を送りたい全世代

**ストーリー**：オートミールの課題「おいしさ・加熱調理の手間」を改善し、メリットの「甘くない・食物繊維や鉄分摂取」を生かして毎日の食生活を応援

**地域**：日本全国からアジア各地域へ

**製法・原料等**：じっくり火を通して一粒一粒にムラなく熱が入り香ばしくなるベイクド製法、適正糖質のロカボ認証、食物繊維・鉄分豊富

# 新ジャンルを開拓した自信を表現

PACKAGE DESIGN METHOD「神（=ネ・ロ・+）・カ・キ・ク・ケ・コ」

**ネーミング**

素材へのこだわりとオリジナル製法への自信から、未来のカテゴリーリーダーを意識して命名

**ロゴ・マーク**

焼き上げ感ある匂い&湯気の形状+メタリックのフチをベースに、感嘆符のように訴求力あるデザイン

- **カ** **カラー**：ナチュラルな未晒しベースカラー+各フレーバーカラーで店頭演出
- **キ** **企業CI**：商品のロゴマークと一体化することで、新ジャンルへの自信を表現
- **ク** **グラフィック**：オーツ+フレーバーのリアルタッチな線画イラストで自然志向を表現
- **ケ** **形状・素材・加工**：ロゴ周りにメタリックラインを配置し、メダルのように魅せる効果
- **コ** **コミュニケーション**：すぐ食べられる即食イメージ、木製の容器とスプーンでナチュラル志向の人に訴求

45

# 多彩なカラーで選ぶ楽しさと手軽さを演出

「らくチンDELI」
ハウス食品

B to C（リニューアル）

## BRAND STORY

電子レンジでチンするだけの簡単・時短調理シリーズ「らくチンDELI」のリニューアル。ブランドの発売当初は子どもがいるファミリー世帯をターゲットとしていたが、実際には夫婦ふたりの大人世帯から多くの支持があることが分かり、大人向けに“もう一品”メニューの開発を進めた。ありそうでなかった「チン」で“大人世帯が楽しめる副菜”をテーマに、スパイスを活かした多様なメニューを揃えたブランドに刷新した。「こんな本格メニューがレンジで簡単にできるの!?」という驚きと、食欲を刺激するシズル表現にこだわり、各メニューの世界観を演出している。

## BRAND DATA

**イノベーション（新しさ）**：電子レンジでチンして和えるだけ！　食材一つで、大人世帯が楽しめるメニューを簡単調理＆豊富で飽きないバリエーションを品揃え

**ターゲット**：おうちで手軽に“もう一品”作って食事を楽しみたい大人世帯

**ストーリー**：おうちにある食材を電子レンジ調理で手軽に“もう一品（逸品）”。時短お手軽ニーズのお助けアイテムとして、飽きずに楽しめる多彩なメニュー展開

**地域**：全国

**製法・原料等**：冷蔵庫の常備食材でガスコンロを使わず電子レンジでチンして和えるだけの簡便調理と、ハウス独自のスパイスブレンド技術を生かした豊富なメニュー

# 特徴が一目で分かるグラフィックとアイコン

PACKAGE DESIGN METHOD「神（＝ネ・ロ・＋）・カ・キ・ク・ケ・コ」

**ネーミング**（ネ）

「らくちん」と「レンジでチン」を掛けて、楽しさや手軽さを訴求して命名

**ロゴ・マーク**（ロ）

冷蔵庫に貼っている白い付箋タッチのロゴで、大人の食卓にデリメニューを手軽に楽しんでもらうことをイメージしたデザイン

（カ） **カラー**：関心を引く黄色をキーカラーに味が伝わる多彩なサブカラーを採用

（キ） **企業CI**：ブランドロゴの上に配置

（ク） **グラフィック**：レンジ調理が一目で分かるアイコンと香りや食感を訴求

（ケ） **形状・素材・加工**：店頭では見比べやすく、家庭ではストックしやすいスマートなサイズ

（コ） **コミュニケーション**：光の入り方にこだわったシズル感のある写真で、それぞれのおいしさを分かりやすく伝える

46

# ふたつのカラーのハートで「家族の愛情」をイメージ

## 「マロニーちゃん」
## マロニー［※2019年リニューアル当時］

B to C（リニューアル）

### BRAND STORY

1964年に誕生した「マロニーブランド」の全面リニューアル。ブランディングから見えたテーマは「家族の愛情」。赤とオレンジのハートのリボンを重ねたキービジュアルで家族を思いやる気持ちを包み込む。CI、キャラクターは時代に合わせて調整し、ブランドロゴは、スピード調理や楽しさを表現するロゴへ刷新、“ロ”の真ん中に「マロニー」自体の断面形状を潜ませた。そして「マロニーちゃん」単体で食事できる新ブランド「スープマロニーちゃん」も開発・販売。「小さな幸せ」をテーマに、ミュージックビデオ風のストーリー動画を軸としてウェブ／SNS含めプロモーションも展開している。

### BRAND DATA

**イノベーション（新しさ）**：ロングセラー商品60年ぶりのアップデートと新しい商品開発

**ターゲット**：現代のライフスタイルに合わせて新たな家族へ、スープで個食対応も

**ストーリー**：これまでもこれからも家族みんなの隣にいつもの「マロニーちゃん」として、愛され続けるキャラクター的存在をアップデート

**地域**：全国

**製法・原料等**：北海道産のじゃがいものでんぷんを原料にして国内で生産。味しみをよくするため、断面はリボン型にして表面積を大きくしている

# リボンの贈る気持ちに＋ハートで家族の愛情を

PACKAGE DESIGN METHOD「神（＝ネ・ロ・＋）・カ・キ・ク・ケ・コ」

**ネーミング**
「まろやかに煮える」ということから命名。当初は「マロニー」だったが「マロニーちゃん」で親しまれていたため「マロニーちゃん」と命名

**ロゴ・マーク**
「マロニー」の“ロ”は、味しみ「マロニー」の断面を表現し、赤とオレンジのハートで家族の愛情を表現したデザイン

＋

**カ** **カラー**：キーカラーを赤として、キービジュアルはオレンジをプラス

**キ** **企業CI**：「マロニー」からハウス食品へ販売権移管に伴い一時的に正面に記載なし

**ク** **グラフィック**：ハートのリボン＝家族への思いやりを表現

**ケ** **形状・素材・加工**：ハートの透明部分からよく見えることでお鍋シーンを想起

**コ** **コミュニケーション**：「お鍋にそのまま味しみ抜群」と「グルテンフリー」で便利さと健康志向のニーズに応える

Before　After

# 特徴的な金のマークで記憶を促す

47

## 「ヤクルト蕃爽麗茶」ヤクルト本社

B to C（リニューアル）

### BRAND STORY

「ヤクルト蕃爽麗茶（ヤクルトバンソウレイチャ）」は、1998年に発売、2000年にグァバ葉に含まれるグァバ葉ポリフェノールが食後の血糖値の上昇を抑制することが認められ、「特定保健用食品」の表示許可を取得。その後2017年に大幅なブランドリニューアルを実施。商品名を、より読みやすくこれまでの縦書きから横書きに変更。中央には「蕃」の文字をあしらった金のマークを配し、より親しみやすく手に取りやすいパッケージデザインへとイメージを刷新。キャッチコピー“食後の血糖値を気にする方に”と新たに“糖の吸収をおだやかにする”を併記することで訴求力をアップさせている。

### BRAND DATA

**イノベーション（新しさ）**：食後の血糖値の上昇を抑制することが認められたグァバ葉ポリフェノールが含まれる特定保健用食品であること

**ターゲット**：食後の血糖値を気にする方

**ストーリー**：毎日の食習慣を考える人にとって“糖の吸収や血糖値”は大きな悩みごと。そんな悩みに応えるため「トクホ」＆多彩なシーンに合うラインアップで、血糖値をキーワードに新しい食生活を提案

**地域**：全国（ヤクルトレディ、スーパーなど）

**エビデンス**：消費者庁から特定保健用食品として許可＊があり「糖の吸収」や「血糖値」に関する記載ができること



＊グァバ葉ポリフェノールの働きで、糖の吸収をおだやかにするので、食後の血糖値が気になる方に適した飲料です。

# 消費者の悩みに応える、信頼感のあるデザイン

PACKAGE DESIGN METHOD「神(=ネ・ロ・+)・カ・キ・ク・ケ・コ」

**ネーミング**

グァバの和名“蕃石榴(バンザクロ)”から命名

**ロゴ・マーク**

可読性の高い書体選定とすっきりとした飲みやすさを表現するための長体調整を行い、印象的な金の「蕃」マークとセットにしたデザイン

**カ** **カラー**:ブランドカラーの明るい茶色に映える金の「蕃」マーク

**キ** **企業CI**:Yakultロゴをパッケージデザイン最上部へ配置

**ク** **グラフィック**:金の「蕃」マークにグァバの葉と実のイラストをセット

**ケ** **形状・素材・加工**:飲用シーンに合わせて200ml紙容器、500mlペットボトル、2000mlペットボトルをラインアップ

**コ** **コミュニケーション**:「毎日の食事の際にグァバ葉ポリフェノールの働き」を追記することで、食事には「ヤクルト蕃爽麗茶」と連想しやすく表現

48

# スッキリ軽やか気分を表すネーミングと透明感のあるカラー

「キリン 上々 焼酎ソーダ」
キリンビール

B to C（新商品）

## BRAND STORY

「キリン 上々 焼酎ソーダ」は、メルシャン八代不知火蔵の本格麦焼酎原酒を一部使用し、「米麹抽出物」や「食塩」といった焼酎の特長を引き立てる素材を使用することで、焼酎の本格感や満足感を感じられながら、余計なクセがなくスッキリ爽やかな味覚を実現。蓋を開けてすぐ飲める飲料＝RTD飲料*としてのニーズが高まりつつある糖類0、プリン体0であることも特長。心置きなくお酒を楽しみたいと思っているお客様に、いつでも安住の心地を感じてもらい、気分上々な生活に貢献することを目指すブランド。

## BRAND DATA

**イノベーション（新しさ）**：本格焼酎をソーダで割る、という新しい楽しみ方で、食事に合う味わいを追求した“食事を楽しめるお酒”

**ターゲット**：甘くないお酒を好むキレ・ドライ志向層を中心としたアルコール飲用者全般

**ストーリー**：「家でご飯を食べる時くらいは、心も体も軽くしてちょっと気分をあげたい」と考えているお客様へ、最高の食中酒となる軽快な飲み口の焼酎ソーダによるキリンの新しい挑戦

**地域**：全国

**製法・原料等**：メルシャン「八代不知火蔵」にて、熊本県球磨川の伏流水を使用し、経験豊かな蔵人が約80年の歴史で培ってきた技術から製造した本格麦焼酎原酒を一部使用

＊RTD飲料（英語：ready to drink）：蓋を開けてすぐ飲めるアルコール飲料のこと

# 新しい挑戦と品質を伝えるコミュニケーションデザイン

PACKAGE DESIGN METHOD「神（＝ネ・ロ・＋）・カ・キ・ク・ケ・コ」

**ネーミング**

お客様の気分をスッキリ軽やか気分上々にしたい、という思いから命名

**ロゴ・マーク**

「上々」の筆文字と聖獣麒麟マーク、アクセントとなる英文字で、焼酎の本格さも表現しながら、お客様に親しみを持ってもらえるデザイン

＋

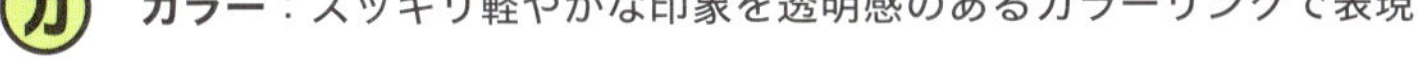

- カ **カラー**：スッキリ軽やかな印象を透明感のあるカラーリングで表現
- キ **企業CI**：通常CIに加えて、聖獣麒麟をあしらいキリンのものづくりへの自信と品質を表現
- ク **グラフィック**：上々の筆文字と、氷と炭酸の透明感あるブルーで本格さがありながら親しみやすさ・飲みやすさを表現
- ケ **形状・素材・加工**：透明感のあるメタリックグラデーションを用い、お酒らしさと上々の品質感を表現
- コ **コミュニケーション**：ロゴ左上「スッキリ甘くない」を味覚ワードとして訴求し、焼酎ソーダという新しい飲み方の提案

49

# 日本酒とおちょこの自在な組み合わせを筒形パッケージで可視化

「京都myおちょこ「京と酒」」
京都市

B to C

## BRAND STORY

京都市が、伝統工芸業界のブランド力のさらなる向上を叶えるためブランドアドバイザーを導入。市場の拡大を狙って若年層の認知拡大のため、季刊誌、コラボ商品、ウェブ、売場作りまでトータルブランディングを実施。京焼・清水焼と伏見の日本酒を自分でセットできる特製パッケージや、おちょこを美術品のように魅せる、選べるディスプレイから、親善大使“みやびはん”プロジェクトなど多面的にカスタマージャーニーを企画設計。日本酒での乾杯条例を日本初で取り組む京都市は、ニューヨークでの展示・販売やイベント開催、JAPAN WEEK出店などを通じて国内外に“京もの”の価値を広めた（2013～2014年度実施）。

## BRAND DATA

**イノベーション（新しさ）**：日本酒とおちょこを選んで好きなように組み合わせできる筒状パッケージ

**ターゲット**：次世代の若年層やインバウンドから海外まで、京都や日本文化への関心層

**ストーリー**：京都の伝統工芸に関心が小さい若年層やインバウンド、海外の方へ、今の京都を楽しんでもらうため、トライしやすい日本酒とおちょこを入り口に

**地域**：京都から日本へ、そして世界へ

**エビデンス**：京都市がプロデュースする京焼・清水焼の職人と伏見の酒造メーカーによるコラボレーション事業

# 選んで・重ねて・自在に・組み合わせる楽しさ

PACKAGE DESIGN METHOD「神(=ネ・ロ・+)・カ・キ・ク・ケ・コ」

**ネーミング**

「京都を飲む」おちょこと日本酒セットから、お酒とおちょこのビジュアルから発想して命名

**ロゴ・マーク**

"京"都の「おちょこ」と「お酒」を文字からアレンジしたデザイン

**カラー**：日本の伝統色を基にキーカラーの赤にプラスして紺、白の配色で京都を記憶化

**企業CI**：事業全体を京都市が執り行うためCI設定はなし

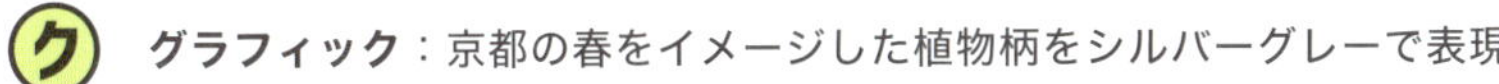

**グラフィック**：京都の春をイメージした植物柄をシルバーグレーで表現

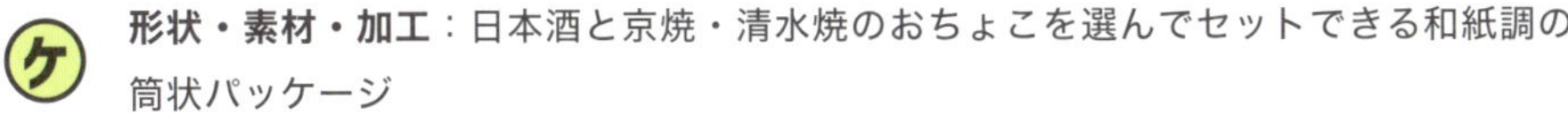

**形状・素材・加工**：日本酒と京焼・清水焼のおちょこを選んでセットできる和紙調の筒状パッケージ

**コミュニケーション**：「MADE IN KYOTO」でグローバル対応のパッケージ、おちょこを美術品のように魅せる展示で国内外各地にポップアップ出店

50

# イラストとカラーリングで商品の特徴を一目で魅せる

「パインアメ」
パイン

B to C（リニューアル）

## BRAND STORY

まだ戦後の混乱が残る1951年に生まれた「パインアメ」は老若男女に愛され続けてきた、甘酸っぱくてジューシーなキャンディ。発売当時、パイナップルは缶詰でも手が出せない高級品で、そんなパイナップルを手軽に味わえたらとの思いを込めて発売された。50年以上愛され続けて2003年に6代目パッケージへリニューアル。その頃は食品偽装や株価の最安値など世間に明るい話題が少なかった頃で、「パインアメ」で少しでも皆さんに元気をお届けしたいという思いが込められている。丸々とした完熟パイナップルを表現するため、ベースカラーの黄色を濃いものに変更し、立体感あふれるパイナップルイラストを描いている。

## BRAND DATA

**イノベーション（新しさ）**：「パインアメ」は輪切りのパイナップルを想起させる形状で、パイナップルを丸ごと食べたかのような甘酸っぱくてジューシーな独自の味わい

**ターゲット**：パイナップルの爽やかな香りや味わいが好きな全世代

**ストーリー**：家庭やオフィス、飲食店やホテルでも一粒で幸せになれる。どの世代でもいつでもどこでも楽しめる、爽やかなひと時に「パインアメ」

**地域**：全国

**製法・原料等**：本物のパイナップルをそのままキャンディにしたかのような味わいにするために、厳選したパイナップル果汁を使用

# 透明窓からしっかり見える小さな幸せ

PACKAGE DESIGN METHOD「神（=ネ・ロ・+）・カ・キ・ク・ケ・コ」

**ネーミング**

発売当初は「パイナップル飴」。缶詰の輪切りのパイナップルをモチーフに穴開き飴を開発し、より親しみやすく「パインアメ」と命名

**ロゴ・マーク**

リニューアルを機にロゴはアーチ状から直線へ刷新。パイナップルの甘酸っぱい味切れの良さを表現し、丸々としたパイナップルイラストと一体化したデザイン

**カラー**：パイナップルの鮮やかなイエローとグリーンに赤い文字をバランスよく使用

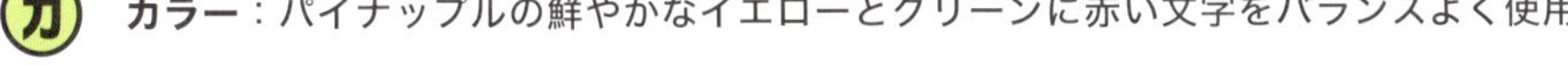

**企業CI**：「パインアメ」に似た柔らかなP（Pine）を赤で袋左上に配置

**グラフィック**：キービジュアル以外にパイナップルと「パインアメ」の線画を使用

**形状・素材・加工**：たくさん入っている「パインアメ」を見せる大きな透明窓を採用

**コミュニケーション**：「甘酸っぱくてジューシー」この1文だけで伝わる味わいの記憶と、透明な外袋と個装で中身の「パインアメ」がくっきり見える安心感

1952年〜　1966年〜　1985年〜

1987年〜　1988年〜　2003年〜現在

51

# 「お客様との契約」を表す「サイン」のような文字をロゴに採用

「リンクルショット」
ポーラ

B to C（新商品）

## BRAND STORY

「リンクルショット」は日本初の薬用シワ改善化粧品として発売された化粧品ブランド。代表的な成分の「ニールワン」は医薬部外品として日本で初めて国に認可された「シワを改善する」成分であり長期間の研究を要した。最先端の研究成果を探究する研究員の姿勢を、前人未到の星を探索する宇宙飛行士に例えて「Discovery」というデザインコンセプトが誕生。業界に一石を投じる商品として、内容物の革新性や品質感が伝わるようなデザインを目指している。

## BRAND DATA

**イノベーション（新しさ）**：リンクルショットを代表する成分の「ニールワン」は医薬部外品として、日本で初めて国に認可された「シワを改善する」成分

**ターゲット**：世界中のシワで悩む人へ

**ストーリー**：長期間の研究を前人未到の星を発見する旅にたとえ「Discovery」をデザインコンセプトに設定。そのコンセプトを宇宙服のチャレンジングオレンジ、宇宙のスペースブルー、星のゴールドの3色のカラーリングで具現化

**地域**：全国

**エビデンス**：医薬部外品として認可された「ニールワン」。約5400種類以上もの物質のスクリーニングを経て発見された。開発開始から発売まで約15年*という業界でも異例の長い歳月を要した

*以下より https://www.pola.co.jp/column/brand-story/2022/01/index.html

# 色も要素もミニマムにすることで印象的に

## PACKAGE DESIGN METHOD「神（＝ネ・ロ・＋）・カ・キ・ク・ケ・コ」

**ネーミング** 

「シワを狙い撃つ」という機能を明快に表現する命名

 **ロゴ・マーク**

ユーザーに確かな効果を約束する決意を込め「契約」をブランドコンセプトに掲げ、ロゴは契約書へのサインをイメージしたデザイン

**カ** **カラー**：「チャレンジングオレンジ」をキーカラーとして強い印象を与えられるように設計

**キ** **企業CI**：あえて裏面に記載。容器正面にはブランドロゴのみをあしらい、商品への自信、決意の強さを表現

**ク** **グラフィック**：キーカラーとブランドロゴのみのミニマムな要素で展開し、独自性を出している

**ケ** **形状・素材・加工**：契約時に使われるツール（万年筆や、ペン立てなど）のフォルムをモチーフに展開

**コ** **コミュニケーション**：ブランドの認知向上のため、グラフィック同様オレンジのキーカラーとロゴを積極的に使用し、ブランドストーリーを伝わりやすくしている

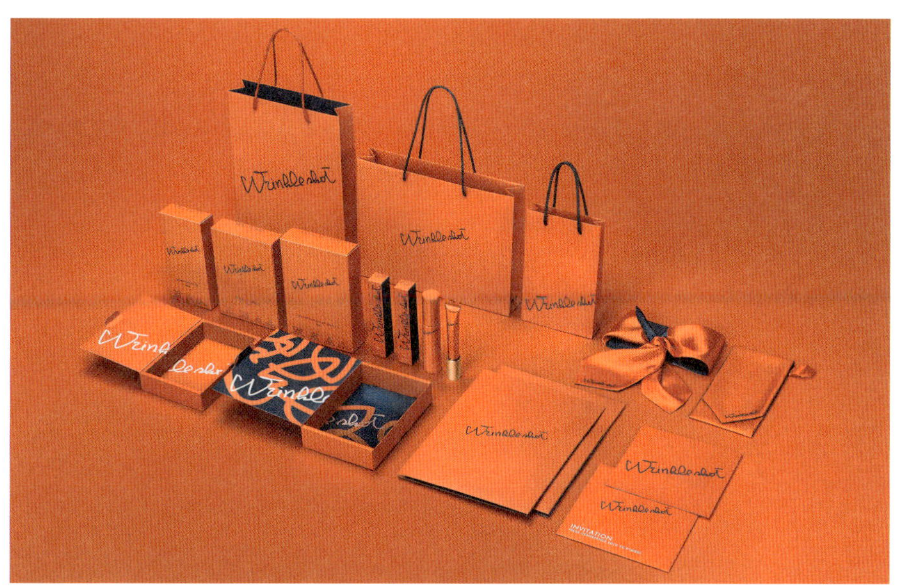

52

# 本物志向の美しいお鍋の世界観をイラストで印象付ける

「美鍋」
神宗

B to C（新商品）

## BRAND STORY

天然素材でとる本物の“だし”を身近に――。今のライフスタイルに合う商品で価値を提供し、だし文化を継承するために生まれた鍋のもとシリーズ。核家族化や個食が増加し、だしをとる家庭が減少する中、簡単で栄養バランスが良いヘルシーな家庭料理のお鍋にフォーカスしている。若い世代にはだしの魅力を、中高年世代には安心感と満足感を届けるため、天然だしと世界のスパイスを素材丸ごと使う小分けパックになっている。豊かな食文化を継承し世代を超えて“だし”のある食の未来へ。新時代に向けて神宗から初の「KANSOU」ブランド。

## BRAND DATA

**イノベーション（新しさ）**：だし文化を現代のライフスタイルに合わせた鍋つゆブランド。ありそうでなかった専門店の味わいをも超える香りと味わいへのこだわり

**ターゲット**：核家族・個食時代に合わせた本物・健康志向の大人

**ストーリー**：一人でも夫婦でも家族でも。好みや気分によって選べる、天然だしとスパイスの本格的なお鍋のもとをお届け

**地域**：大阪本店から関西、東京の百貨店、そして全国へ

**製法・原料等**：天然利尻昆布とかつお本枯れ節の本格だしをベースにした鍋つゆと、各お鍋の味わいを極める国内外の調味料やスパイス素材のオール・イン・ワンのセット

# ブランドの世界観を複数のイラストで表現

## PACKAGE DESIGN METHOD「神(=ネ・ロ・+)・カ・キ・ク・ケ・コ」

**ネーミング** 

昆布とかつお節の透き通った一番だしと、後味のきれいさ、そして、鍋をおいしくいただくところから命名

 **ロゴ・マーク**

本物志向をイメージした「美鍋」と、鍋から立ち上るおいしい香りをBinabeの“B”に合わせてシンボル化したデザイン

**カ** **カラー**：日本の伝統色の濃淡をベースとし、7種のカラーで新しいお鍋を表現

**キ** **企業CI**：新時代への扉を開く「KANSOU」ロゴへと進化

**ク** **グラフィック**：各味わいの色とイメージ化したイラストをキービジュアルに採用

**ケ** **形状・素材・加工**：小さく取り出しやすい形状を追求し、シリーズ7品の統一感を創出

**コ** **コミュニケーション**：ブランドデザインの一環で複数のイラストレーターを登用し、パッケージ裏面にイラストレーターを紹介する新スタイルのブランディング

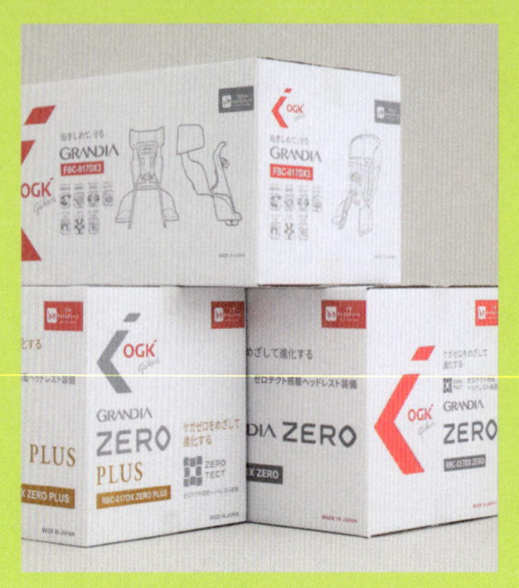


53

# 「子どもを守る安心安全」への誓いをネーミングとロゴで表現

「GRANDIA」
オージーケー技研

B to C（新商品）

## BRAND STORY

チャイルドシートを国内に累計720万台以上届けてきた「OGK」。「OGK」が描く未来は世界の家族に新たな体験と感動を提供していくこと、目指す姿は移動創造企業。子どもの安心安全を第一に考えてチャイルドシートを開発し続けてきたトップメーカーとして、子どもを“抱きしめて守る”を追求した製品が「GRANDIA」。自転車メーカーに供給するB to Bから、製品ブランド開発も行うB to Cビジネスへも拡大する経営計画を実施。子どもの安心安全を最優先に、ママの楽チンニーズも叶える最高峰製品としてブランディングした「GRANDIA」は、これからも指名買いNo.1ブランドとして進化していくことを目指す。

## BRAND DATA

**イノベーション（新しさ）**：“抱きしめて守る”をブランドコンセプトに子どもの安心安全を第一に考えて作られたチャイルドシート

**ターゲット**：安心安全を第一にする未就学児を持つ親、祖父母

**ストーリー**：子どもの自転車事故をゼロにしたい、安心安全なお出かけを叶えたい、そんな思いを実現するために開発された自転車用チャイルドシート

**地域**：全国

**製法・原料等**：“抱きしめて守る”をコンセプトに、追突・衝突・転倒事故時の頭部への衝撃を吸収する頭部カバーとワンタッチのシートベルト

# 製品自体の機能性の高さを、パッケージでも伝える

PACKAGE DESIGN METHOD「神(=ネ・ロ・+)・カ・キ・ク・ケ・コ」

**ネーミング**

壮大/堂々と(GRAND)新たなステージを創出し、ダイヤモンド(DIAMOND)のような最高峰の安心安全機能をイメージして命名

**ロゴ・マーク**

堂々と信頼感ある字体、先頭のGが少し大きく子どもを包み込むイメージでデザイン

**カラー**:グレーは高い機能性を、ピンクは先駆者=パイオニア精神を表している

**企業CI**:100周年企業を目指して刷新したCIをセンターに配置

**グラフィック**:「OGK」のDNAであるパイオニア精神の"K"マークをキービジュアルに採用

**形状・素材・加工**:茶色の段ボールに白印刷し、カラーが分かるようカラーのシールを貼付

**コミュニケーション**:独自の安全基準・検査体制をエビデンスとして、パッケージに「安心を体感する最上級の乗り心地」と記載

54

# 製品の特長を伝えるネーミングとデザイン

## 「SOPHISTONE」
## ミルボン

B to C（海外）

### BRAND STORY

美容室専売のヘアケア・ヘアカラーの日本市場シェアNo.1の「ミルボン」が、巨大な欧米市場へ投入した欧米専用ヘアカラーブランド「SOPHISTONE（ソフィストーン）」。日米合同のクリエイティブチームから誕生したグローバルブランドは、「ミルボン」らしさと日本らしさ、アメリカ市場らしさ、3つの“らしさ”が融合するブランディングデザインに。ヘアケアとヘアカラーにお金と時間を費やす欧米の美容文化に最適な独自性と品質、卓越した研究開発力を訴求し、欧米のカラーリストに信頼される絶対的ポジションへ。日米の価値観の相互理解と合意形成を経て、ブランディングデザインも高い評価を得た新しいヘアカラーブランド。

### BRAND DATA

**イノベーション（新しさ）**：細部にまでこだわる「ミルボン」の研究開発力で多彩な色表現を可能にした欧米専用ヘアカラーブランド

**ターゲット**：欧米の美容師と美意識が高い顧客

**ストーリー**：多様な毛髪を毛髪内部から均一に艶やかに染めることで、透明感のある洗練されたブロンドカラーに仕上げる

**地域**：北米・欧州・トルコ

**エビデンス**：トップヘアデザイナーの「感性」が生み出す技術を「科学」で分析・解明して製品開発へつなげている

# グローバル市場に受け入れられる普遍的な美しさを表現

PACKAGE DESIGN METHOD「神（=ネ・ロ・+）・カ・キ・ク・ケ・コ」

ネーミング

「SOPHISTONE（ソフィストーン）」＝“洗練されたsophisticated”＋“色調 tone”から命名

ロゴ・マーク

都会的なセンスと多様性。女性的で奥行き感あるラインはSunkissの陰影を、先端のエッジはクリエイティブの広がりを表現したデザイン

**カラー**：グレーは洗練、黒は専門性、＋ブランドカラーの紫ラインで約束を表現

**企業CI**：センター下に配置して「milbon」が世界へ贈るブランドであることを意図

**グラフィック**：右上部を指し示して未来をイメージする3つの長方形のキービジュアル

**形状・素材・加工**：シリーズを判別しやすい配色でサロンワークでの識別性も両立

**コミュニケーション**：イメージグラフィックのみにすること、余白を多くとることで、高い品質を伝える

55

# 販売地域の文化や風土に合わせたブランド展開

「Campus」(キャンパスノート)
国誉商业[上海]

B to C (海外・中国市場)

## BRAND STORY

中国における文具市場は、近年SNSなど自己表現ニーズの高まりなどによって付加価値文具市場が拡大を続けるなか、「コクヨ中国」では女子中高生をターゲットとした文具需要が好調。代表商品ブランドの1つである「Campus」は、日本国内の「Campus」の価値と現地消費者のニーズを掛け合わせた独自開発商品で、女子中高生を中心に高い支持を受けている。ノート画像は2024年に発売した「Campus」の意匠表紙柄の新デザインノート。ペンギンなどの絶滅危惧種のイラスト配置案を採用し、持続可能な社会の啓蒙をコンセプトにしている。

## BRAND DATA

**イノベーション（新しさ）**：日本の「Campus」の中紙原紙を採用しつつ、表紙や罫線のデザインを中国の学生向けに独自開発したシリーズ展開

**ターゲット**：女子中高生

**ストーリー**：手に取りたくなるデザイン、購買を後押しする書き心地、使った後シェアしたくなる学習用ノートとしての充足感を満たすノート

**地域**：中国全土からアジア各地域へも展開

**製法・原料等**：筆記具での書き心地やにじみにくさなどをより良くするため、再生紙を使わず適切に管理された森林のパルプから作られた「森林認証紙」を使用

# ロゴはそのままに、現地の嗜好性を取り入れる

PACKAGE DESIGN METHOD「神(=ネ・ロ・+)・カ・キ・ク・ケ・コ」

**ネーミング** ネ

大学の構内を意味する英語「Campus(キャンパス)」から命名

**ロ** **ロゴ・マーク**

日本の「Campus」ロゴを採用し、表紙レイアウトも日本のデザインを踏襲

＋

**カ** **カラー**：選べる楽しさを演出する多色（多柄）展開

**キ** **企業CI**：表紙右下へ信頼品質の証しとして配置

**ク** **グラフィック**：中国の学生のファッショントレンドや嗜好性を取り入れた多様な展開

**ケ** **形状・素材・加工**：商品の“顔”である表紙を引き立たせる背クロス配色や印刷加工で特別感を演出

**コ** **コミュニケーション**：店頭での陳列パターンから、店頭での見やすさや比較しやすさを考慮したレイアウト（ロゴやスペック表示の位置など）

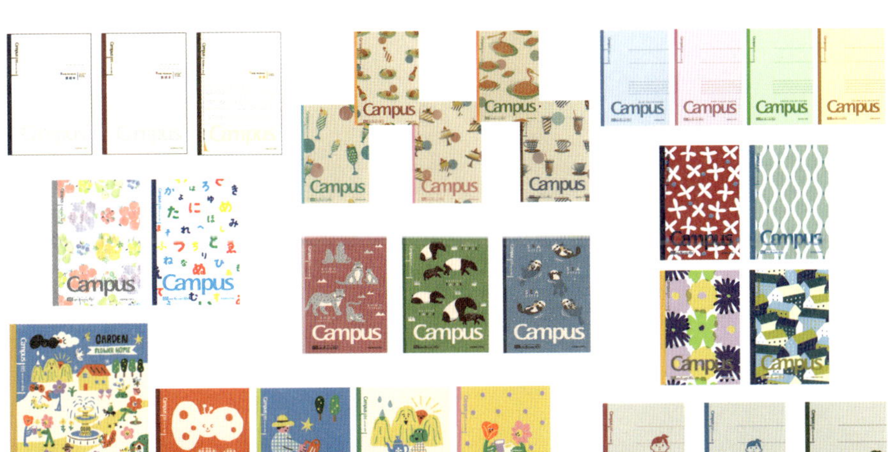

56

# 五感で感じる優しい紙をネーミングからロゴ、コピーでも訴求

「五感紙」
平和紙業

B to B to C（新商品）

## BRAND STORY

紙ほど雄弁に企業や商品のストーリーを訴えるものがあるのだろうか。戦後間もない1946年に洋紙販売から始めた平和紙業はその問いに応えるために、オリジナルの特殊紙を開発してきた。会社の柱として、21世紀のスタンダードになる紙の開発が加速する中で生まれた「五感紙」は、まさに五感で感じる紙。「心と体に自然のリズムが響いてくる」をテーマに、指先に心地よく伝わる豊かな風合いを感じさせる。ファンシーペーパーという色・柄・風合いの豊富な高級紙や特殊紙の世界に、岡信吾プロデュースから生まれた人間らしさの原点追求とも言える五感紙は、どこまでも優しくしなやかで強い意志を感じる紙となっている。

## BRAND DATA

**イノベーション（新しさ）**：触れるものの五感に訴える感性を研ぎ澄ます紙

**ターゲット**：贈答品にもなる和洋菓子から本の装丁まで感性を大切にする企業

**ストーリー**：まるで植物に触れたときのように、うるおいとときめきが、ゆっくりと心と体に広がる紙で、包む物への感謝と感動を生み出す

**地域**：全国

**製法・原料等**：非木材パルプ10%以上配合、FSC® 森林認証紙（順次切り替え）

# ネーミングで製品の特長をストレートに伝える

## PACKAGE DESIGN METHOD「神（＝ネ・ロ・＋）・カ・キ・ク・ケ・コ」

**ネーミング**

五感に訴えることにフォーカスした特殊紙であることから命名

**ロゴ・マーク**

五感が呼び覚まされるさまを可視化し3つの丸で触れるものへの優しさを表現したデザイン

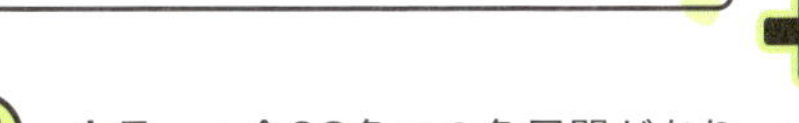

**カラー**：全38色での色展開があり、ブランドカラーは設定なし

**企業CI**：見本帳の裏面のみ記載

**グラフィック**：素材商品のためグラフィックなし

**形状・素材・加工**：荒目と細目の2種で斤量、色バリエーションで約180種の展開

**コミュニケーション**：「いのちの気配がする。」「呼吸している。」「植物の遺伝子を受け継いでいる。」というコピーで五感紙の特性を表現

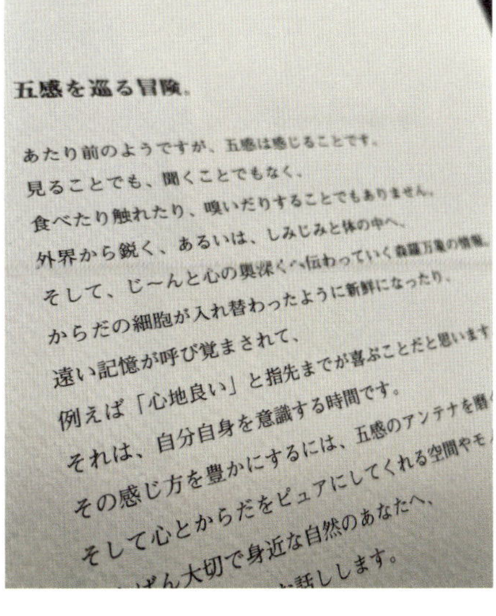

57

# 生地の魅力を詰め込んだ体感型の多層式BOXで差別化

「HIGHLACT」wonderbox
ハイケム

B to B（新商品）

## BRAND STORY

サステナブル繊維の世界的な普及を目指す取り組みから開発されたトウモロコシ由来のポリ乳酸（PLA）繊維「HIGHLACT（ハイラクト）」。グローバル展開を加速するため、ミラノで開催される糸とテキスタイルの見本市に出展。世界のハイブランドにダイレクトに訴求するため、生地と見本をセットしたwonderboxを作った。化学メーカーが新規でファッション市場に参入するため、ただ生地や商品サンプルを見せるだけではお客様であるファッションブランドに響かない。そこでカスタマージャーニーを見直し生地やサンプルの見せ方含め「今までのメーカーとは違う」と感じてもらえる体感型のブランディング視点で作られている。

## BRAND DATA

**イノベーション（新しさ）**：生地から成型品まで多彩なシーンで活躍できる新時代のサステナブル素材であるトウモロコシ由来のポリ乳酸（PLA）繊維「HIGHLACT（ハイラクト）」

**ターゲット**：グローバルなファッションブランドを軸に欧州に拡がるテキスタイル業界

**ストーリー**：ハイケムが世界に発信する最初の繊維商品で市場規模の大きい（脱炭素ニーズ）欧米への事業展開から、世界のサステナブル繊維の一翼を担う

**地域**：欧米を中心に世界へ

**エビデンス**：高い技術力を集結させ実現が難しかったポリ乳酸（PLA）の繊維化に成功し、国際規格OEKO-TEX® STANDARD 100認証を取得

# 次世代のサステナブル素材を際立たせるミニマムなデザイン

PACKAGE DESIGN METHOD「神(=ネ・ロ・+)・カ・キ・ク・ケ・コ」

**ネーミング**

ハイ=社名「ハイケム」から、ラクト=乳酸の“Lactic Acid”から作った造語で命名

**ロゴ・マーク**

ブルーの波線=きれいな海、グリーンの直線=豊かな大地を表現し、環境配慮素材を全面的にアピールしたデザイン

**カラー**：サステナブルイメージを徹底し、印刷物の紙色もナチュラルな白を採用

**企業CI**：パッケージには記載せず、カタログ裏面にのみ表記

**グラフィック**：ハイブランドを意識したシンプルでミニマルな表現・文字は英語表記のみ

**形状・素材・加工**：折り畳める箱はエンボスのみ、印刷物の紙は古紙他50％以上配合紙を採用

**コミュニケーション**：引き出し型の箱を開けると上段が見え、その後に下段が見られる段階を経て自然と素材の素晴らしさを体感できるパッケージ

58

# アジアの美意識を体感する美術館のようなトレンドブック

「ASIA COLOR TREND BOOK」
DICカラーデザイン

B to B（新商品）

## BRAND STORY

世界唯一の「アジアカラートレンドブック」。DICカラーデザインのCMFコンサルティングの知見を活かし、アジア向けのブランド展開やデザイン戦略のインスピレーションソースとして、2008年に創刊。アジア市場やクリエイティブシーン、消費者動向を分析し、次なるアジアのトレンド情報を、6つのテーマと48点の色票、様々なマテリアルサンプルにて発信している。アジア特有の美意識を読み解いたカラートレンドブックとして自動車・家電・建築・化粧品・食品などのブランドや商品の企画開発、デザインに活用されており、アジアのトレンドや文化を分析する資料として美術館や大学などにも収蔵されている。

## BRAND DATA

**イノベーション（新しさ）**：世界唯一のアジアにフォーカスしたカラートレンドブック

**ターゲット**：商品企画・開発／ブランディング／デザイン／研究／教育／アジア進出企業

**ストーリー**：アジア特有の美意識・色彩・素材感を読み解き、創造する

**地域**：アジア全域、グローバル

**エビデンス**：アジア各国・地域のトレンドリサーチャー、欧米のトレンドパートナーとの協働から生まれる、グローバルと連動したアジア・カラートレンドの動向分析

# アジアのトレンドから商品やブランド開発のヒントを探る

## PACKAGE DESIGN METHOD「神（=ネ・ロ・+）・カ・キ・ク・ケ・コ」

**ネーミング** 

アジアのカラートレンドをまとめたというコンセプトをストレートに表現

 **ロゴ・マーク**

アジアのアイデンティティを醸し出す民族的意匠＋情緒的なセリフ体のアルファベットで構成したデザイン

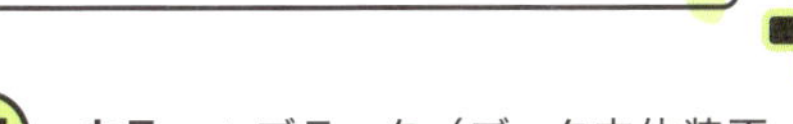

＋

**カ** **カラー**：ブラック（ブック本体装丁・マテリアルBOX外装・内装）

**キ** **企業CI**：ブック本体の背にDICグループロゴマーク記載

**ク** **グラフィック**：テーマに合わせた民族意匠を組み合わせたロゴでトレンドを表現

**ケ** **形状・素材・加工**：ブック本体：ファイル形式（ロゴ型押し）＋マテリアルBOX：テーマごとのマテリアル収録6箱セット

**コ** **コミュニケーション**：中国語・日本語・英語の3カ国表記。ロゴをキービジュアルとしたブックとフライヤー、WEBページ、SNSとの連動

59

# 未来の在り方を考える食育キットで食の新たな旅を提案

## 「コオロギチャレンジ」
## KNT-CTホールディングス

B to B to C（新商品）

### BRAND STORY

　修学旅行をはじめとした教育旅行に取り組んできたKNT-CTは、旅を通して子どもたちの選択肢や可能性を広げてきたが、未来を創造する事業として旅以外の方法で子どもたちの未来を考える中で昆虫食にたどり着いた。地球にやさしくSDGsに取り組む“新たな旅のカタチ”として届ける「旅する未来フード」をテーマに、未来を生きる子どもたちに親しんでもらえる昆虫食と地球の未来を考える食育・体験キットとして発売。保育園から幼稚園、小学校まで、昆虫食で地球の未来を守る博士になれる「コオロギチャレンジ」。親子で楽しく地球の未来を学ぶため本に見立てたパッケージの中に、昆虫食がわかる絵本とふりかけキットをセットにしている。

### BRAND DATA

**イノベーション（新しさ）**：絵本を読んで姿形あるコオロギを自分で砕いてふりかけを作る“行動”を通してSDGsを学ぶ体験型の商材

**ターゲット**：幼稚園、保育園、小学校低学年の子ども向け

**ストーリー**：子ども時代に自発的な非日常体験を通して、おいしく楽しくSDGsを学び、未来を生きるための食の広がりから新しい常識をつくる

**地域**：日本全国（教育機関を中心に“未来”に関わる施設など）

**製法・原料等**：お茶由来の成分や通常であれば捨てられてしまう野菜の端などをエサにして育てた食用国産コオロギを使用、高たんぱく質、高栄養価

# 子どもが楽しくSDGs体験できるイラストとカラーリング

PACKAGE DESIGN METHOD「神(=ネ・ロ・+)・カ・キ・ク・ケ・コ」

**ネーミング**

直接的な“コオロギ”にプラスして、楽しく学ぶワクワク感を込めて“チャレンジ”と命名

**ロゴ・マーク**

ロゴは、ブルーとオレンジを交互に使って目玉を入れたキット風に、マークは、シリーズのブランドマークとして「旅する未来フード」をデザイン

**カ カラー**：SDGsや未来を想起するライトブルー＋グリーン

**キ 企業CI**：“みんなのため”の商品だからこそ側面で控えめに表記

**ク グラフィック**：地球を模したお茶碗と、ライトブルーの格子柄で教材感を演出

**ケ 形状・素材・加工**：FSC®認証、折り鶴再生紙使用の環境配慮型パッケージ

**コ コミュニケーション**：地球を救おう！　昆虫食キット＋食育絵本、でシンプルに商品紹介

60

# 連続性を持たせつつ、違いを出したふたつのブランド

## 「OGINO SELECT」
## オギノ

PB（流通プライベートブランド）

### BRAND STORY

「OGINO SELECT」は、「ふだんの暮らしを楽しく、豊かに」を全体コンセプトとし、毎日食べたい定番品から、少し贅沢な品まで、地域のお客様に寄り添った食品のプライベートブランドで、オギノは、山梨県、長野県、静岡県に店舗を展開するスーパーマーケット。「地域素材を使用した商品や地域企業と協業した商品などを積極的に開発し、地元ならではの魅力的な商品を届けている。「OGINO SELECT—価格以上の価値あるおいしさ」と「OGINO SELECT PREMIUM—こだわりの品質とおいしさ」のふたつのブランドでお客様のライフスタイルに合わせて、選ぶ楽しみを提供。

### BRAND DATA

**イノベーション（新しさ）**：パッケージデザインは、オギノが展開する地域の川や風をイメージした曲線に、コーポレートロゴの形を組み合わせた「オギノパターン」で識別性を上げた

**ターゲット**：山梨県、長野県、静岡県で暮らす全世代

**ストーリー**：毎日食べたくなる定番商品や品質にこだわった商品など、他にはない価値の提供を通じて、選ぶ楽しさと豊かな生活を支える商品をお届けする

**地域**：山梨県、長野県、静岡県

**製法・原料等**：毎日食べたい定番品から、少し贅沢な品まで、地域のお客様に寄り添った食品の商品開発

# 「ふだんの暮らしを楽しく、豊かに」をブランドコンセプトに

## PACKAGE DESIGN METHOD「神（＝ネ・ロ・＋）・カ・キ・ク・ケ・コ」

**ネーミング**（ネ）

お求めやすい価格で提供する「OGINO SELECT」と、こだわりの品質とおいしさにこだわった「OGINO SELECT PREMIUM」で命名

**ロゴ・マーク**（ロ）

親しみやすく、分かりやすいものを目指し、商品そのものの良さを引き立たせるものとしたデザイン

（カ）**カラー**：「OGINO SELECT」―商品をイメージしやすい色合いとコンセプトが伝わるカラー
「OGINO SELECT PREMIUM」―ゴールドを基調、品質の高さを表現するカラー

（キ）**企業CI**：ブランド名とセット

（ク）**グラフィック**：ブランドロゴ、上下の直線とオギノパターン、カラーによる識別性

（ケ）**形状・素材・加工**：あらゆる素材、形状、メーカーに対応するためのマニュアルの作成

（コ）**コミュニケーション**：「ふだんの暮らしを楽しく、豊かに」

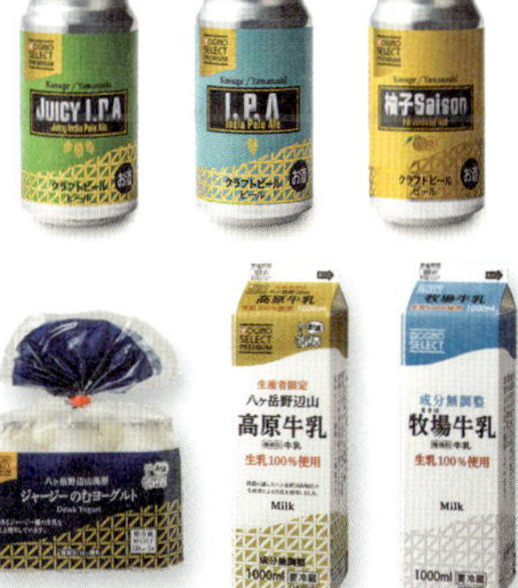

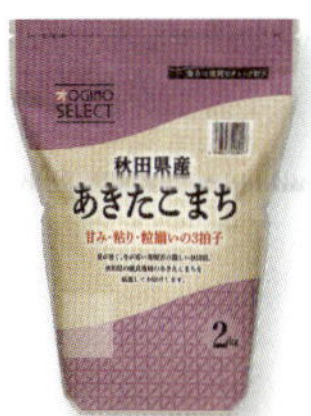

# ブランディングは おもてなし！

**こんなふうに思ってませんか？　「いい商品を作ればお客様は気に入ってくださる。だからブランディングは品質を表現すればいい」……。いいえ、ブランディングは品質はもちろんのこと、お客様への真心も表現する、相手を思いやる「おもてなし」なのです。**

「ブランディングって始めに商品ありき。それ以上でも以下でもないんだから、結局は商品が良ければ売れるしイマイチならあまり売れない、そうでしょう？」。こう言われて困ったことがあります。そうとも言えますが、今どきイマイチな商品を作るメーカーがあるのでしょうか。成熟したこの国で、多くの競合が存在する市場に投入される商品は、どれも品質は高く素晴らしいもの。本当に僅差しかない中に、多くの商品がひしめき合っています。けれど、その中でいかに独自のポジションを築くか、どのような個性を出すのか。商品とブランディングの両輪がバランス良く成立したとき前進する力は、本当に見事です。

私は、**品質など数値化できるようなことや客観的な事実であるエビデンスはハードで、五感や感情に訴えることやお客様への真心はソフトと捉えていて、ハード面とソフト面の両面がないとブランディングは成立しないと思っています**。

その中でも**抜けがちなのが「真心」**です。言わなくても分かってくれる精神や不言実行的な考えは、日本的と言えばそうですが、**真心＝見える・感じる「おもてなし」が、商品を差別化するのための後押しとなる**でしょう。世界が認める日本の「おもてなし」は、私たちのDNAとも言える素晴らしい特性ですし、生かさない手はないですね！

O・MO・TE・NA・SHI

# 5章

## ＼ 応用編 ／
## リブランディング

～ リニューアルへの挑戦と視点 ～

「リブランディング」は進学視点！
発売から2年たって競合商品が増えて売り上げが下がっています……
もう中身の改良も進めているんだよね？
それはリブランディングの出番ですね
変えちゃうんですね……あんなに頑張ったのに……
変えますが変えませんよ
ロゴ以外を変えるってことですか？
調理写真をもっとおいしそうに変えるんだ!!
わかった！
いえ、まずはブランディングの確認ですね
そこから何を変える、進化するべきか検討してからのデザイン、です
DNAにブレがないか？
VISIONの進化はどうか？
そうだ……デザインから考えちゃダメなんだった

ダメではありませんよ
でもまずはブランディングの考察からですね
そうすることでブレない軸が太くなっていくんですね
それがブランドへの道です
そうだ！まだブランドの道の途中でした……
中学を卒業して高校へ行っても変わるものと変わらないものがあったでしょう？
高校から大学、大学から社会人
商品もブランドになるために成長を続けていくんです
勇気が湧いてきたし安心しました！
ブランドっていう大人になるためにリブランディング頑張ります！
やります！
Yes we can!!!

# 「リブランディング」のポイント 62

リブランディングを行う際にはいくつかのポイントがありますので順を追ってご紹介します。どのポイントにも共通するのは、商品価値をターゲットに最適化することです。商品の魅力や"らしさ"を改めて整理し、「私のための商品だ!」と再認識してもらいましょう。

ここまで商品ブランディングを学んできたら、頭のモヤモヤが晴れてきました!

もう5章だもんね。私もちょっと自信を持って発言できるようになったかも。

その調子! 最後まで頑張りましょう。最後は「リブランディング」です。新商品は全社で力を入れて送り出しても、月日がたってそろそろリニューアルしようかという段階になると、盛り上がりに欠けて担当者任せ……なんてことが結構あるんです。

そういえば、最近、あるブランドがリニューアルで分かりにくいデザインになったとSNSで話題になって、結局、元のデザインに戻したという話がありました。

リニューアルする商品はそれなりの成果は出ているものが多いですよね。だからリニューアルで失敗することは許されないのに、恐ろしい!

しっかり市場の変化やターゲットの変化を再認識して、アップデートしていけば大丈夫ですよ。リブランディング次第でもう一つ上の段階に行ける可能性もあります。

はい。ここまで育ててきた商品だから、さらに成長させたいんです。

サラならできるよ。ファイト、ファイトー!

## ズレを認識して商品価値を向上させる

私はリブランディングのお話を頂くと、初めにすることがあります。それは、**商品と商品のターゲット層の人たちの、「現在の感覚」とそのズレ具合を捉える**ことです。

発売から数年は「ズレていない」前提で、話が進んでいくことがあるので注意が必要です。

①商品企画、営業現場の両方から商品発売以降の状況をヒアリング

②商品の発売前と現状のマーケティング数値の差異を確認

③商品が並ぶ売り場とそこへ来る生活者の動きを観察

④ SNSなどで商品の口コミと、発売からの変化をチェック

新しい商品のブランディングを行う場合と比べても、リブランディングですべきことは多いのです。リブランディングを行うのが、商品発売からたった1年後でも、世の中の雰囲気や価値観、経済の状況は確実に変わっています。ターゲットの人たちの生活も変化し、商品の競合やカテゴリーの動向も発売時とは違うでしょう。

ターゲットの人たちには、その商品を初めて買った時からの記憶を持っていてくれることを認識した上で、「新しくなった」「やっぱりこれが欲しい」「これでないと」と感じてもらうためにコミュニケーションをアップデートする必要があります。

**商品の魅力や“らしさ”を再構築し、ターゲットに最適化するためには何をどうすればよいか。商品のことを分かっているつもりになっていないか注意し、商品と社会、ターゲット層のズレを認識することから**始めましょう。

リブランディングで商品価値をターゲットに最適化しよう！

# リブランディングは段階がある？

63

**商品の成長段階によって、リブランディングにも段階があります。「売り上げ拡大を狙う初リニューアル」「ブランド力を上げてロングセラー化」「高いシェアを維持拡大するカテゴリー制覇」「新天地を求める海外展開」、最後は「昔の人気商品の復活（復刻版）」の5つです。**

リニューアルすれば商品は売れる、なんて根拠のない魔法のような話を聞きますが……。

商品リニューアルに大切なことは、商品の成長を客観視したときに「ブランド」として、今どのステージにいて、どのステージを目指すのか、そこから決めることです。

「ブランド力を上げてロングセラー化」ばかり考えていました……。

商品の成長段階から商品の未来を考えて成長を促していくリニューアルと、売れたからどんどんリニューアル！なんて商品とでは、後々で天地ほどの差がつきます。

売れたら絶対浮かれちゃう！　けれど、確かに客観的に商品の成長段階を知ることは大切かも。冷静にその商品の未来を考えて、確実に育てていきたい気持ちが大きくなっています。

なんだか子育て論みたいに聞こえる……（笑）。

もう一つプラスするなら、企業の事業方針や経営計画とも連動するようなリブランディングを考えられるといいですね。商品がさらに生きてきます。

また経営か……。部長に相談してみます！

# 商品の成長段階から見る5つのリブランディング

リブランディングといっても、商品の成長段階によって求められることが違います。ここでは、5つの段階におけるリブランディングを紹介します。

①**売り上げ拡大を狙う初リブランディング：**商品の強みにフォーカスするリブランディングで、商品認知を拡大して売り上げを拡大します（最初1、2回はこのプランが軸になります）。

②**グループ力の強化を目指すリブランディング：**フレーバー展開や容量違いなど、「ブランド力」を強化して、「ブランドのグループ化」を進めてロングセラーブランドを目指します。

③**シェア拡大、カテゴリー制覇目的のリブランディング：**新商品やフレーバー展開を強化し、認知を拡大しつつ基幹商品も併せたリブランディングで、カテゴリーを制覇していきます。

④**海外展開で新天地を求めるリブランディング：**展開する地域のターゲット層の視点で、商品の“魅力”と“らしさ”を再構築して、国内商品のブランディングを翻訳、意訳することで海外展開します。

⑤**人気商品の復活（復刻版）のためのリブランディング：**昔の人気商品の認知そのままに加えて、新しい要素を組み合わせるリブランディングで、多層にわたるターゲットの共感と認知を生み出します。

どのプランも、どうリブランディングするかが鍵。もうマイナーチェンジだからパッケージも変更なし、なんて言わずに**商品の成長段階に合わせてすべきことの「解像度」を上げていきましょう。**

商品の成長段階によってリブランディングは違う！

# 64 売り上げ増減はリニューアルのサイン？

商品の売り上げが落ち始めた時がリニューアルのサインだと思われがちですが、逆に売り上げが上がった時、強い競合商品の登場やPB商品の増大から発売○○周年、ターゲット層の生活スタイルの変化、博覧会やスポーツの祭典、社会や地域の大きな動きなど、きっかけは社内外の変動により様々です。

このリブランディングの章も10のポイントに分かれているんですね。

私たち初心者でも覚えやすいです！

商品ブランディングに関わる人が知っておいてほしいポイントに絞っていますよ。さて、まず前提として、商品はどんなときにリニューアルしますか？

競合商品がシェアを伸ばして、こちらの売り上げが伸び悩んでいるときですよね？

それ以外にも商品展開を増やすタイミングなど、もう一段階上のブランドになりたいときとか？

どちらもあります。いつリニューアルすればいいかは、どんな会社でもかなり悩むものです。いざリニューアルというときに慌てないためにはあらかじめ判断基準となる指標を持っておくことなど、準備が大切です。指標となるものは、発売からの経過年数、シェアや売り上げの上下動などです。

なるほどです。研究にも数年先まで開発指標があります。状況変化で調整が入るんですが。

うちの部署にも指標ってあるのかな、先輩に聞いてみます！

# 売り上げが伸びている時こそリニューアルを

カテゴリー内でのシェアや売り上げの変動がある一定のラインを超えたら、その時にリニューアルに向けて動き出す、ということが多いかもしれません。

しかしそれだけではなく、**売り上げが伸びている時＝"注目度が上がっている時"が、リニューアルに良いタイミング**なのを覚えておいてください。注目されているときこそ、ターゲットの記憶に定着させられるからです。注目度が上がっている時に「進化します！」と宣言するか、下がっている時に宣言するか、どちらが好意的に受け止められ、さらなる注目を集めやすいのか、を考えるともうお分かりですよね。だからこそ、売り上げが伸びてきている時がチャンスだと認識を新たにしましょう。

また、社会情勢の変化や競合やPB商品動向など他動的要因から急なリニューアルの検討が必要になることもあるでしょう。そんなときに慌てないよう、商品担当であれば、**業務フローの一つとして、市場動向の定期的な観察を行っておくこと**です。マーケティングチームの仕事だから、なんて言っている場合ではありませんし、シェアを奪われそうな競合の登場があったから動くといった対症療法では、"価値"も"勝ち"も生み出すことはできません。結果として、新商品を次々と出し続ける自転車操業的な状態になってしまうことも……。

**定期的なリサーチと分析、情報共有といった"リニューアル準備"をすることがリブランディングへの大切な準備です**。「**普段の積み重ねこそが流れをつくる**」。この意識が商品担当者やディレクター、デザイナー含めて、チーム全員の頭にあるようにしましょう。

定期的な状況分析でリニューアル準備を！

# 65 「新しい友は銀、古い友は金」？

ブランディングとは、他者と区別できるよう商品の個性やらしさを際立たせて「記憶」をつくること。それは、新しいお客様を獲得することだと思われがちです。しかし、ブランディングの本質は、お客様との関係を育み、商品価値を共有して「お得意様」になっていただくことです。

私はコンビニで新商品や好きなブランドの新しいフレーバーなどを見つけることが日課です！　お菓子は仕事休憩の楽しみなんです。

私は大好きなお菓子が5つあって、それをずっと買い続けています。その日の気分で「推し菓子」を使い分けしています！

お二人は対照的ですね。メーカーにはどちらのタイプも大切です、しかし、リニューアル時は新しいお客様も大切ですが、「推し」でいてくれるお得意様がより大切です。

リニューアルは新しいお客様を獲得することだって聞いてますが……。

そうですね、新しいお客様も欲しいのですが、ブランディングは、末永い関係を築くことが本当の目的。「記憶」作りはそのための手段なのです。

「記憶」作りはまずは友達作りだけど、本来の目的は生涯の親友作り、みたいなことでしょうか？

そうか……。リブランディングすることで「記憶」を積み重ねて、「推し」にしてもらうのですね！

100点満点！　大正解です！

やった！　私とサラのような関係を作るためにブランディングするのですね！そう考えると、続けていくことが重要だとわかりました！

## 末永い関係を作るブランディング

継続的なお客様＝ロイヤル顧客は、何度も商品やその体験に触れる「カスタマージャーニー」から、商品にほれこんで商品ブランドに「信頼」を持ちます。そんな**お得意様は、商品の良き理解者であり、商品が真のブランドになっていくために欠かせない存在**です。

ブランディングの意義を端的に捉えていると感じている詩があります。ジョセフ・パリーさんの詩をご存じでしょうか。

Make new friends, but keep the old; Those are silver, these are gold.*
「新しい友をつくろう、昔からの友を大切に。新しい友は銀、昔からの友は金」

ガールスカウト経験がある人は、聞き覚えがありませんか。下記は私の勝手な超訳です。

「新しいお客様を作りましょう。もちろん、お得意様も忘れず大切にして。
新しいお客様とは価値があるがまだ『銀』の関係で、
いずれ相互理解が深まって『金』の関係になる、
価値を共有する大切なロイヤル顧客こそが最高である『金』の関係なのだから。」

つまり、**ブランディングは、息の長い友達＝親友作りが真の目的だから、新しい友達作りから始める**のだと言えるでしょう。

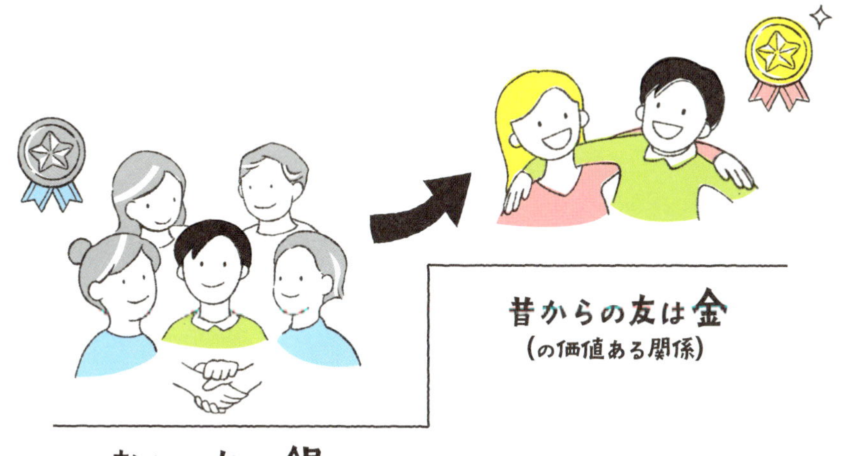


末長い関係を築けるように！

＊引用：Poetry For Every Occasion　https://www.poetrynook.com/poem/new-friends-and-old-friends#google_vignette

# 66 小中高のように進学視点で？

**本章冒頭のマンガでも触れていますが、リブランディングは、子どもが小学校から中学へ、高校へ進学するイメージで捉えてください。その子の本質は変わらないけれど、経験や環境変化と同時に成長していくのと同じ。商品も同じように、本質は変えないまま変化して成長できれば、成功に近づくでしょう。**

実は、私「高校デビュー」なんです。ここで変わらなきゃ！って感じて、ファッションやメイクを研究して。そしたら私は変わっていないのに、周りの扱いは変わったかも。

そうなの？　大学時代はサークルの中心だったよね。まさかの告白（笑）。

リニューアルもサラさんのように「ここで変わらなきゃ」という気持ちと情熱をもって挑むといいですね。

あの当時は自分をプロデュースする感覚だったので、クラスメートの反応がうれしくて、いろいろ試行錯誤したのもいい経験でした。次は自分じゃなくて、商品！

実際には、リニューアルされた商品を見ても、あまり代わり映えしないな、なんて思うかもしれませんが、子どもが進学して成長していくのと同じと考えると印象も結構変わりませんか？　発売時は赤ちゃん同様一人歩きできなかった商品が、多くの人たちの応援と様々な経験を経て、変化し成長していくんです。

リニューアルは成長するための脱皮のような感じなのかな。

実際にリニューアルに着手する日が待ち遠しくなってきました！

## 進学は「Re」と「New」の両方

長い目で見てくれているロイヤル顧客からすると、商品が一歩ずつ成長する姿は、さらに商品への愛情や感情が深まるきっかけにもなります。

**商品のリニューアルは、人間で言うところの「進学」**だと捉えてみましょう。進学しても身体能力や学力、性格など「**すぐには変わらないこと（re＝再び・繰り返し）**」も多くあります。一方で、制服を着て見た目が変わったり、通う場所が変わって違う考え方や振る舞いをするようになったりという「**新しくなっていくこと（＝New）**」がありますよね。ブランディングの4段階（DNA、VISION、DESIGN、MANAGEMENT）で見てみると……。

- **DNA：**基本的に不変、エビデンスの変化や新たな魅力は追加。
- **VISION：**ストーリーやイメージは調整、ネーミングは不変。
- **DESIGN：**キービジュアルは調整、パッケージは調整から刷新まで検討、システムは調整
- **MANAGEMENT：**リサーチの中身は状況に合わせて調整

**「Re（再び繰り返したい）」と「New（新しくしたい）」部分**が見えてきます。今という**“点”だけで捉えず、商品発売からこの先をつなぐ“線”で商品を俯瞰（ふかん）する**ことです。

また、ブランディングは継続して積み上げていくことで効果が大きくなります。商品発売時の1回目、マイナーチェンジ時の2回目、ブランド刷新時の3回目と、同列で比較して見られるように、検討時の材料からリサーチ資料を残しておいたり、プレゼン用資料をフォーマット化しておくなど、社内で商品ブランディングからリブランディングまでの資料の在り方を検討して、共有していくことをオススメします。

変わらないことと変わることを見極めよう！

67

# 社会に何かを伝えるべき？

**ある商品がリニューアルされたとき、一般の人はもちろん、ターゲット層の人たちも、特にその理由について深く考えることはないかもしれませんが、潜在的には知りたい気持ちがあるはずです。どんなリニューアルであっても、社会に何を伝えたいのかを明確にしましょう。**

最近見かけたのは、ある成分の含有量を増やしたり、素材をプラスしたりといった内容で、パッケージを見ただけでは変わったことに気付きませんでした。

私は同じ商品を買うことが多いので変化には気付きやすいんです。でも「で、それが何？」と感じることも。

せっかくリニューアルするなら、どこが変わったのか、なぜ変えたのか、購買者にとってどう良くなったのか、それを伝えないのはもったいないですよ。新たにターゲットにメッセージを伝えるチャンスなんですから。

研究の立場から言っても、新しい素材などをプラスするときはエビデンスを取る必要があって準備も大変。アピールした方がいいんですね！

キャッチコピーでもっとアピールするといいのかな。でも効能をコピーに入れるのは法律的に難しいこともあって。

確かにコピーは「伝える」の代表格ですが、シズル写真やグラフィックでも伝えることができます。コミュニケーションは文字だけではないですよ。

そうか、グラフィックもコミュニケーションの一つですもんね。

# 寡黙であるより雄弁になれ！

リブランディングにおいては、現状にフィットするよう、新たな商品価値を引き出したりアピールポイントを少し変えたりしているでしょう。そこで**肝心なのは、「新たに社会に何を伝えるのが最善なのか、深掘りする」**ということです。

アピールする時は、作り手側の視点で言葉を考えるのではなく、受け取り手側の視点で考えることです。受け取り手側が持っている常識や良識、文化や流行などから来る感覚や感情に響くように、伝え方を考えましょう。

今や「ボーダレス」という言葉は、国境地域はもちろん、世代や職種などを超えて、あらゆる情報が瞬時に拡がり伝わっていきます。同じ時代に生きるモノ同士として、そんなつながりを意識しておくことは商品作りにおいて外せないポイントになっています。

例えば「捨てられるはずの素材を使っている」ことをそのままメッセージの核にするのではなく、「資源の有効活用」や「もったいないを救う」、また「捨てていた素材にある価値を見つけた」などを伝えるのです。一つの事象も視点を変えると、印象が随分と違ってきます。なぜそうするのか、その結果から何を導き出したいのかによって、受けるイメージが随分と違うはずです。

「社会に」というと、広く大勢の人たちに対してのメッセージにしなくてはと思いがちですが、**ターゲットの中のたった一人にほれ込んでもらうことを考えたメッセージにする**ことです。それが結果として社会全体へのメッセージになります。たった一人に好かれないなら、誰にも好かれません。「普通にいい」程度に捉えられては、その後は記憶にならず、そのまま消えていく運命です。「寡黙であるより雄弁になれ！」です。

ターゲットにほれ込んでもらえるようなメッセージを！

# 68 誕生の時を忘れない？

**商品のリブランディングの議論が上がると、今と未来ばかりを見てしまいませんか。しかし、大切なのは過去を振り返ることです。商品が誕生した理由、市場や生活者がどのように受け入れてくれてきたのか、昨日までの過去こそが商品の未来への道しるべになります。**

私はリブランディングのお話を頂くと、**企画や営業に商品誕生から今日までの話を聞いて、過去のマーケティング資料やパッケージをじっくり見ます**。生活者視点で考えると、過去からのつながりが記憶にあって、その上で新しさを感じる、皆さんそうですよね!?　だからこそ、**何が時代にマッチしていて何が変わってきているのか、そこから、何を残して強調するか、何を変えていくかを考えて作る**、これがリブランディングの出発点です。

**事例：カルビー「フルグラ」**

1988年にカルビーがシリアル事業に参入し、その3年後の1991年に「フルーツグラノーラ」という名前で登場したこの商品は、それまでスナック菓子をメインにしていたカルビーが、シリアルや朝食という新しい分野を切り開くきっかけとなったものです。

## 「フルーツグラノーラ」から「フルグラ」で売り上げ急増

現在では、国内のシリアルブランド売り上げNo.1*の商品として多くのお客様に愛されていますが、道のりは決して順風満帆ではありませんでした。伸び悩む時期を経て、大きな変化を起こします。その一つが、20周年の節目となる2011年に行ったブランド名の刷新。「フルーツグラノーラ」から現在の「フルグラ」に商品の名称を変更したのです。

同じような商品が市場に増えたことで、商品名である「フルーツグラノーラ」が一般名称化していきました。そこで、もっとブランドを際立たせる名前に変えた方がいいのではないかと、ちょうどその頃、お客様も社員も商品を“フルグラ”と呼んでいたので、この愛称をそのままブランド名にしました。併せてターゲット像の変更や、ヨーグルトとの「お友達作戦」などの活動が実り、2012年から売り上げが伸びていき、その後「フルグラ」はカルビーの登録商標として主力商品になっています。

しかし発売当初から「フルグラ」という商品名だったら、このような成功の道を歩み主力商品となっていたでしょうか。シリアル売り場に並ぶ「フルグラ」という商品名から「フルーツグラノーラ」を連想できた消費者はいなかったかもしれません。20年もの時間をかけて、「フルーツグラノーラ」という商品名が生活者の中にある一定以上定着してきたからこそ、「フルグラ」というブランド名がすんなり受け入れられ、売り上げの急増につながった良い事例ではないかと思います。

“今”ばかりを見てしまいがち、そんな時こそ振り返ることが肝要です。

**誕生の時を振り返ってみることでブランドの未来が見えてきます。**

カルビー株式会社

＊出典：インテージSRI＋データ：シリアル2022年10月〜2023年9月累計販売金額

69

# 企業理念は関係ある？

**企業理念、パーパス、ビジョン等で、社会の一員として何を成すのか、未来に何を約束するのかをメッセージとして発信するメーカーが増えています。企業メッセージと商品はどのような関係にあるのでしょうか。本来はとても密接な関係にあるはずですが……。**

私から「ブランディングをご提供しています」と話をすると、メーカーの方は「商品ブランディングのことね」と理解していただき、メーカー以外の企業の方は「企業ブランディングをしている会社」だと捉えてくださいます。ブランディングは、今を生き抜いていくあらゆる団体や企業、そして商品やサービスに必要な取り組み。企業ブランディングと商品ブランディングの目的は一つ、対象の魅力やらしさを発見して、最適な言葉やビジュアルで表現して、ターゲットとなる人々にその魅力やらしさを通して「意思」を伝え心から共感してもらうことです。

ですが、企業ブランディングと商品ブランディングではその捉え方も、すべきことも結構異なっていますし、メーカー内でのそれぞれのブランディングの担当部署や決裁権者が違うため、トップダウンでなければ連動しにくいでしょう。

前置きが長くなりましたが、**商品は企業の在り方を示す重要な広告塔でもあります**。そんな商品が、企業メッセージとリンクするのが企業ロゴだけなんて、これまたもったいないことです。私の会社のように企業も商品も領域のブランディングをしている会社は案外少ないこと、リスクマネジメントの観点からも各商品をブランドへ育てていくことを優先すること、この2点から商品には、企業メッセージが積極的にリンクされていない実情があります。一方で、メーカーとしての成長より商品が先に売れて企業が大きくなっていった場合は、商品ブランディングが企業ブランディングへ流用されて商品と企業がリンクしながら成長していくこともあります。

少し俯瞰して考えるとわかることですが、商品はメーカーの理念に沿って作られていることが多いはずです。その商品に、メーカー独自の理念やパーパス、ビジョンが反映されていないことは、企業と商品の連動性が低く、「機会損失」とも言えるでしょう。

## 企業との一体感が商品を後押しする

GoogleやAmazonといった"GAFAM"と呼ばれる今や世界的な企業では、一つの商品やサービスが爆発的に支持されました。企業の成長は、その商品やサービスの拡大に連動している極めてシンプルな構造です。それまで誰も見たことがなかったユニークでパワフルな商品やサービスは、社会に大きなインパクトを生み出しました。その結果は、皆さんご存じの通りです。商品やサービス自体が彼らにとって企業としての意思でありメッセージであることからも、企業理念は商品と大きく関係していると言えるでしょう。企業理念について、このリブランディングの章で話すことにしたのは、お伝えしたいことの優先順位を検討したこともありますが、リブランディングの時に抜けがちなことでもあるからです。

**リブランディングするということは、メーカーとしてその商品と共に生きていく、と決めること**でもあります。新商品の中からどれほどの商品が生き残っていくでしょうか。これからは、情報過多を超えて情報飽和の時代に突入していきます。それは、生活者が自分自身でどんどん考えられなくなっていくことでもあるということ。そのような状況下で、**これからリブランディングする商品は、企業の考えとリンクさせることで波及効果が生まれます**。そのリンクは、リブランディング商品に限らず、あらゆる商品へ展開していくことで商品同士のリンクも生み出します。様々なカテゴリーの商品を作っていればいるほど、カテゴリーの壁を越えて連鎖購入も生み出し、社内外へも大きな波を作ることができます。

メーカー規模の大小を問わず企業理念とのリンクをお忘れなく、です。

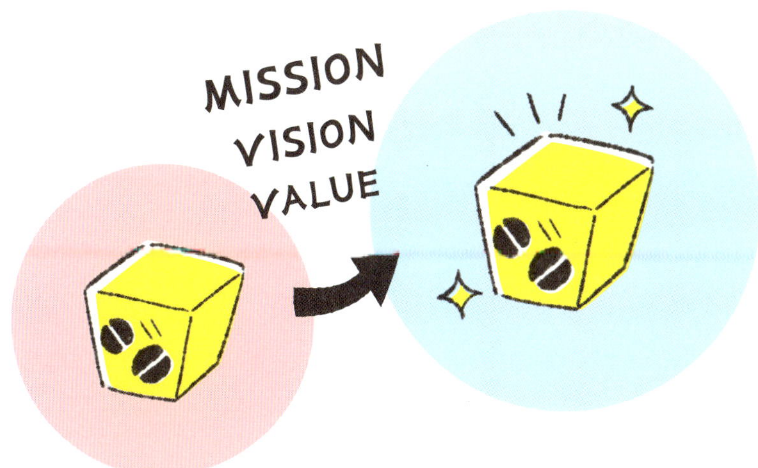


リブランディングで企業理念とリンクさせて波及効果を狙おう!

# コラボレーションで友達作り？

70

**リブランディングできる商品は、ある程度の認知を得ているため、コラボレーションの可能性を検討すべきです。著名なキャラクターはもちろん、異業界とのコラボ、流通限定商品の開発、相乗り商品や共同開発から、to B商品展開まで、商品の未来につながる「友達」を増やしましょう。**

あなたの商品と同じカテゴリーの中に、ライバルとはいえ一目置いてしまう良い商品があるのではないでしょうか。そんな良い商品との差をつけるためにも、オリジナル商品だけではなく、コラボ商品を検討してみてはいかがでしょうか。コラボ商品は、コラボ先のブランド力との相乗効果から注目度が上がります。品質が高い良い商品が市場に増えつつあることもあり、**自力だけで戦わず、他力も頼ることはリブランディングの強い味方**になります。

例えば、「カルビー」は、味の素の商品がポテトチップスと相性が良いと確信して、コラボレーションを打診。「味の素」の監修で「丸鶏がらスープ味」と「香味ペースト味」の商品を期間限定で発売しました。

ふりかけの「ゆかり」は、調味料であることを生かして、様々な食品メーカーと組んだり、業務用B to Bの発展形としてハンバーガーチェーンとのコラボもしています。

また、「パインアメ」は、その味や香りが特徴的で、老若男女を問わない「みんなのブランド」であることから、ブランドイメージを貸し出す、キャラクター側のブランドになっています。一例ですが、「ホテル日航大阪」では、地元大阪の「アメちゃん文化」と融合させて、オリジナルマスコットの誕生記念にパインアメをプレゼントしたり、パインアメをコンセプトにしたアフタヌーンティーセット＆かき氷を販売したことも。「大阪同士」にこだわったコラボを実現し、好意的に受け止められています。

一口にコラボと言っても、その取り組み方は様々です。自社の商品のことばかりを考えずに、相手先の商品のことも考えて、商品作りをするメーカー同士である強みを活かして、お互いの未来に寄与するコラボ商品を考えてみましょう。予想外でありながらも、ターゲット層を拡げる、味わいなどの相性がいい、そんな「なるほど！」なコラボがおすすめです。

## コラボは商品の良さと強みを広げる

**コラボ先は、商品の良さを広めてくれる「友達」**と捉えましょう。友達になるからこそ、お互いに相手を選ぶことが大事ですし、販売実績によって、毎年継続することもアリです。何を基準に選ぶのか、それはブランディングから生まれる商品の魅力やらしさや、相互に足りないところを補い合える関係であったり、メーカーとしての立ち位置に共通点があるなど、様々です。声を掛けるのはどちらからでもアリですが、声をかけるからには本当に友達になりたい、という意思を持って折衝しましょう。コラボは相手あってのことだから、**単独では到達しにくい良質な認知を獲得する可能性が高く、ブランド力を強化できます**。

ただし注意点があります。それは、ブランドイメージや価値が上がることをあまり期待しないことです。コラボは商品PRの一環として、認知拡大や好感を集める戦略と捉えておきましょう。

ちなみに、最近は新しい商品もコラボを有効活用して認知を拡大したり、相手方のイメージに乗ってイメージアップする事例も増えています。広告代理店やブランディング会社、デザイン会社が仲介して進めるコラボもあり、ブランディングディレクターとして、私もいくつもの商品やイベントを生み出してきました。あなたの商品が、どんなところとコラボしたら相乗効果が生まれそうか、考えてみましょう。キャラクター、テレビや映画、マンガやアニメ、飲食店、商業施設、ゲーム、スポーツ団体、教育機関、などなど、意外なところに可能性があるかもしれませんよ。

異種間のコラボで相乗効果が期待できるかも！

# ユニバーサル対応は必要？



**パッケージデザインにも「ユニバーサルデザイン」。年齢や性別や国籍不問の「誰でも使いやすい」ようにデザインすることは、今や気遣いではなく当たり前のこととして捉えましょう。文字を大きくすればいいのではなく、パッケージデザインを「みんなのもの」と考えるといろいろと出てきます。**

2015年に国連総会で採択された「持続可能な開発目標」＝「SDGs」は、パッケージデザインにとっても変化や進化を促しています。なぜ不平等をなくすことが大切なのかどうしたら不平等をなくせるのかについて、17の大きな目標があります。その中で、

**3：すべての人に健康と福祉を**
**10：人や国の不平等をなくそう**
**12：つくる責任、つかう責任**
**16：平和と公正をすべての人に**

この4つの目標から、パッケージを含むデザイン業界に変化や進化が起きています。これからのデザインは、ユニバーサル視点の色、フォントの知見、コントロールが必要です。

赤の中の青が見えにくいなど、色覚多様性には種類があり「先天赤緑色覚異常の発生頻度は、日本人では男性の5%、女性の0.2%*」とのこと。色覚シミュレーションができるアプリケーションやソフトウエアがありますので、デザイン制作時には毎回チェックするといいでしょう。

ユニバーサルデザインフォント（以下、UDフォント）はフォントメーカー各社にあり、その一例として「みんなの文字」をご紹介します。東京電機大学の矢口博之教授が開発した視認性評価法に基づいて、「ユニバーサルコミュニケーションデザイン協会（以下、UCDA）」「イワタ」「電通」が共同で開発した、弱視の方や、老眼の高齢者の方にも読みやすい視認性、可読性、判読性に強いフォントです。


*公益社団法人 日本眼科医会　https://x.gd/K0IPd

## 「分かりやすさ」は「分かりにくさの要因」を取り除くこと

「みんなの文字」は、「ISO13407 人間中心設計のプロセス」を採用して開発され、にじみ、かすれなど劣化した状態でも見やすくわかりやすい点が特徴です。UDフォントと聞くと、パッケージの裏面情報への採用が増えているイメージですが、保険や金融機関のパンフレットや契約書類などでも採用が広がっています。「UCDA」は、人々の生命・財産・健康に関わる重要な情報が「見やすく、分かりやすく、伝わりやすく」デザインされているかを評価・認証する第三者機関。食品や医薬品などの成分表記や原材料の列記を読みやすくすることにも注力しており、老眼や白内障などの眼病の人にも配慮した視点を求めています。

「みんなの文字」チームの「イワタ」は独自のUDフォント製品を持っていますし、先述の色を含めフォントも、何を選ぶのかが大切です。また、生命に直結することとして食品パッケージは「アレルギー物質（特定原材料）」の表記が「食品表示法」で義務付けられています。その表記は文字表記が一般的ですが、「UCDA」は“分かりやすい食物アレルギーの表示”を実現するため、特定原材料等28品目とアルコールをカバーする「みんなのピクト」を開発しています。

「みんなの文字」も「みんなのピクト」も、大手食品メーカーのパッケージなどに採用事例がありますのでチェックしてみましょう。

「みんなの文字」は、科学的根拠に基づき開発、
「人の目」でテストを重ねて検証しました。

画数の多い漢字はつぶれにくい設計

【一般的なフォント】 【みんなの文字】

臓器 → 

保障 → 

ひらがなのフトコロを最適に設計

【一般的なフォント】 【みんなの文字】

 → 

英数字書体はつぶれにくくかすれにくい設計

【一般的なフォント】 【みんなの文字】

13,468SCG → 13,468SCG

一般社団法人ユニバーサルコミュニケーションデザイン協会 https://ucda.jp/ucda.html

# 「ブランド」は社内外にも好影響？

72

**商品が「ブランド」への道を歩み進めるほどに、社内外に影響が広がっていきます。商品自体は価値の価格化、社外は競合との差別化、そして、社内は組織の一体感が叶っていきます。「ブランド」は、製品だけではなく、社内外に素晴らしい効果を導き出す「果実」だと言えます。**

リブランディングの最後は、「ブランド」になるとどんな効果が期待できるのか、です。「ブランド」には、単に商品であるだけでは導き出せない効果があるのです。

商品、社外、社内に現れる効果を知ると、全社一丸となってブランディングへの取り組みが加速するのでは、と思います。

商品に現れる効果は、何より「価値の価格化」が素晴らしい効果ではないでしょうか。

「ブランド」という価値が価格に反映されることは、皆さんご存知の通りです。ハイブランドの事例を紹介する必要もないですし、数百円のものでも、「ブランド」であることから、類似の競合商品より価格が高くても購入につながります。もちろん、人気商品になるわけですから、店舗導入の成約率も高くなり、価格が上がることから大幅な利益の上昇につながり、多面的な商品展開が可能になり、と素晴らしい連鎖反応が続きます。

そして、商品に現れる効果は社外にもつながっていきます。社外に現れる効果は、ロイヤルユーザーという商品を通じての「応援団」の形成が大きなポイントになります。「ブランド」としての個性の認知や評価が広がっていくほどに、競合との差別化が叶っていきますし、新たな競合商品に対しては参入障壁が高くなっていきます。

「ブランド」になるのは商品なのですが、社外にも大きな影響を及ぼす力が「ブランド」にはあるのです。さらには、「ブランド」同士のコラボや「ブランド」としての特徴を相手方の商品に活かすための「ブランド」供与なども実現する「ブランド倶楽部」のような業界特有のサロンのような集まりに招待されることもあるということです。

いかがでしょうか、自社の商品が「ブランド」になることを目指す価値は大いにあると言えるでしょう。

## 「ブランド」が及ぼす社内へのスゴイ影響

商品が「ブランド」になることは、社内への影響がとても大きく、ロングセラー商品を持っているメーカーはもちろん、数百年続く老舗メーカーもそのメリットを大いに理解して、享受しています。社内には、「組織の一体感」を生み出します。「ブランド」になる商品を育てる大きな家族のように、商品を自慢の子どもであるかのように愛情を持つことから、一体感が生まれていきます。もちろん、安定成長にもつながるため、安心して働けるからこその自発力を促進します。また、ブランドを通じて作り手への理解や賛同が深まることで、志向性が一致する人材が集まってくるようになります。商品から社外へ対して最高のアピールが可能になり「企業は人なり」の言葉を体現する強い組織になっていきます。もちろん、社内外に対してこれら以外にも、様々な好影響はいくつも見つけることができるでしょう。

ブランディングは、魔法ではありません。しかし、「ブランド」になることが生み出すスゴイ影響については、体感した人たちだけが知っている何物にも変え難い価値であり、「ブランド」を維持、向上、進化させていくことは計り知れない経済的な価値を持つのです。

あなたは、「ブランド」作りにチャレンジしていこうと思って、本書を手に取ったと思いますし、「ブランド」の価値を存分に体感できたのではないでしょうか。

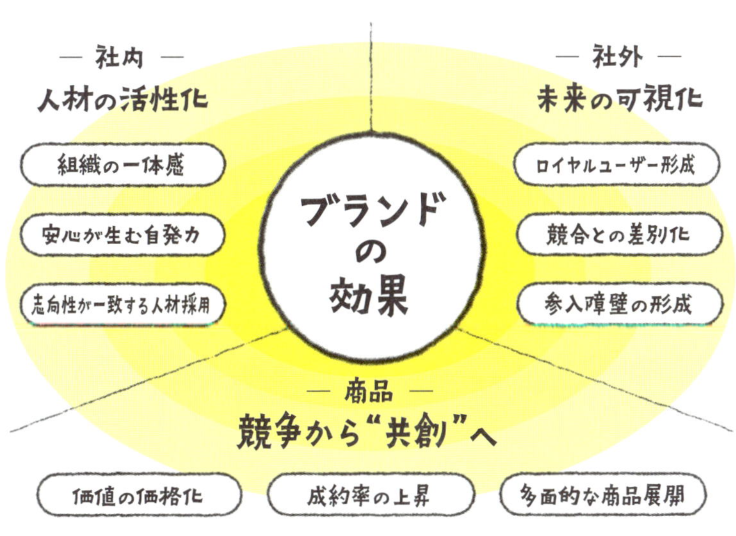

73

# 地域の文化が異なるように、ブランディングの視点も違う？

**日本の国内でも地域によって、文化はもちろん考え方も違いがありますよね。ましてや、海外だと、社会構造も文化も、歴史も民族も、さらには、流行も習慣も、とにかく、地域ごとに様々なことが異なってきます。大切なのは、それらの異なる視点があることを理解すること。そこから海外展開はスタートします。**

本書には、日本の視点だけではなく、海外の視点も取り入れたいと考えて、普段から交流がある海外のクリエーターのリアルな話をいただきました。アメリカ、タイ、シンガポール、それぞれの地域を超えて活躍しているクリエーターに声をかけて、商品ブランディングやパッケージデザインについて、インタビューしました。この後に続く6章をお楽しみに。

そして、特許庁と国際交流基金から特別に寄稿をいただきました！　いずれも日本と海外の商品ブランディングについて、今とこれからを考えるために必要な内容になっているので必見です！　国内外を問わず、「ブランド」を作る、「ブランド」になる、そのために何が必要なのか、現場からのリアルなメッセージが詰まっています。

最後に。皆さんに、お伝えしたいことがあるけれど、実名では少し難しい、そんな、ここだけの業界“あるある”話を、匿名トークで披露します。最後までお楽しみください！

# 6章

## ＼特別編／
## 日本と世界のブランディング

〜 ブランド作りの現場と、行政視点のメッセージ 〜

特別インタビュー
アメリカ、タイ、シンガポール

特別寄稿
特許庁　国際交流基金

特別企画
“あるある”ここだけの話？

74

# ブランドはコミュニティ作り

WILDE社 クリエイティブディレクター／ユージン・ハード氏

**「WILDE」は、チキンチップス。健康志向の人も糖質を気にせず食べられるチップスは、独自の製法特許で急成長。自らもランナーである創業者が、ローカーボでハイプロテインなチキンを大好きなチップスに、とトライして誕生。このブランドを統括するクリエイティブディレクターにインタビューしました。**

――常識では考えられないアイデアや行動をアメリカでは「WILD」と言うそうですね

アメリカの国民食チップスをチキンで作るワイルドなアイデアは、アスリートや健康志向の人を中心に認知が増えて、今ではアメリカの多くのスーパーで販売されています。

――社名イコール商品名でパッケージもワイルドなデザイン、一貫していますね

1点集中で覚えやすく伝わりやすく。多様性あふれるアメリカでブランディング成功の鍵となります。リニューアル時も「WILDE」が起点。「WILDE」の“E”は、創業者が尊敬する英国の詩人「オスカー・ワイルド（Oscar Wilde）」からです。（2024年4月時点では日本未輸入）

## 商品独自の世界観に参加したくなる「ブランド体験の旅」を描く

**―― WILDE社のクリエイティブディレクター職を選んだ理由は何ですか？**

コロナ禍にWILDE社の創業者から連絡があり、チキンのチップスというユニークでワイルドな起業に引かれて転職。貧乏な幼少期やモデル出身という同じ境遇にも共感しましたし。

**―― 若い時はファッションモデルをされていたとか。そこからデザイナーになろうとしたきっかけは？**

デザイナーになる前に、様々な仕事に就きました。10代はランウェーを歩くモデル、20代はニューヨークで不動産会社へ。会社のネット広告を作る機会があり、その広告が出たら問い合わせの電話が鳴りやまない！　デザインの力を実感する原体験でした。それから昼は不動産、夜はデザイン学校、同時にインターンデザイナーとしても働いて、毎日がフル回転。やがて製品・企業ブランディング企業「LANDOR」でグローバルな商品ブランディングに関わり、次の世界各地に拠点を持つエンジニアリングと経営コンサルティング企業「HATCH」でも多くの商品ブランディングに関わり、数え切れないほどパッケージデザインを作りました。

**―― NYからサンフランシスコへ、デザインの内容もかなり違ったでしょう**

商品ブランディングやパッケージデザインとの出会いは、シンシナティのLANDORへ異動してからで、グローバル商品をより売れるものへと導く素晴らしい仕事でした。次のサンフランシスコの「HATCH」では、チャレンジングな仕事が多く、得難い体験ばかり。2社の共通項は、商品をブランドへ導く「記憶に残る体験」をデザインしたことだと思います。

**―― 「記憶させること」はブランディングの原点ですから、ブランド体験の始まりになるパッケージは最も重視すべきテーマです**

アメリカは新しいものを積極的に受け入れる文化があり、リアルの店舗もEコマースも世界一の多彩さといっても過言ではありません。そのため、ブランディングは商品の価値作りにおいて最重要課題であり、スタートアップからグローバル企業まで、どんな実績があるブランドディレクターと組んで商品を育てるか、が最大の関心事。パッケージデザインに限らず、ブランド体験を俯瞰してデザインできるディレクターは人気です。

ブランディング世界最先端の国アメリカでは、商品独自の世界観に参加したくなるように「ブランド体験の旅」全体を描くことがブランディングの主流で、パッケージデザインは、その最初の扉としてとても重要な資産なのです。

**――アメリカ進出する日本企業が増えています。私たちは、過去の失敗やグローバル企業のブランドシステムから学び、日本と進出先とをつなぐ「ブランドの翻訳」を推進しています**

「良いものだからアメリカに持っていけば売れるはず」と現地に向けた調査や先約が乏しいまま進出する企業があります。商品は進出地域で「売れるか」という視点ではなく「売れる商品になれる空白地帯＝独自のポジション」を発見することが、成功への条件になるでしょう。日本でのメーカーとしての認知や業績から一度視点を外して、スタートアップ企業の気持ちで考えてみると行動が変わってくるのでは、と思います。

**――海外展開は、流通や社員派遣や現地パートナーなど、日本国内と違い多大なコストと時間がかかりますし、商品もブランディングもデザインもそのままでいい、とはなりません**

良い商品は誰かが見つけてくれるはず、という日本の「良い行いは評価される」的な考えは捨ててほしいです。アメリカや欧州の各カテゴリーには、いくつもの素晴らしい商品ブランドが既に存在しています。そこへ無策で挑むことは、機会損失に他なりません。

**――4章で紹介した「SOPHISTONE」は、アメリカで売れる商品を目指して誕生しました。高級ヘアサロンでブランドになるため、日本とアメリカの両視点で「ブランドの翻訳」を実行して生まれたことも良い影響をもたらし、アメリカ市場で受け入れられつつあります**

多民族国家のアメリカで、日本発のヘアケアブランドが受け入れられていることは素晴らしい成果です。商品自体の品質はもちろん、「ブランドの翻訳」でのブランド開発も効果を発揮したと感じています。海外進出を目的にせず、認知され、売れて、商品ブランドとしての確立を目的にすれば準備も行動も変わるはずです。

## 「72%のカスタマーがパッケージデザインで購入を決めている*」というデータから見えること

逆に聞きます。ラベルレス、簡易包装、SDGs、エコフレンドリー、PB商品にAIと、パッケージデザインは岐路に立っています。ブランド作りの立場から今後をどう想定しますか？

――― 今後も選択の自由は広がる一方。どの商品も、選択基準になるパッケージの重要性は増すばかり。現時点のAIは、人のように共感したり、ゼロからアイデアを生み出したり、これまで見たことがないような新しい創造は難しいでしょう

リサーチ会社の「Ipsos」には72%のカスタマーはパッケージデザインによって購入を決めている」というデータがあります。情報過多の現代ですがリアルでもネットでも、パッケージはブランド体験の始まり。ブランディングから生まれるパッケージの重要性は、さらに高まってきています。また、現時点のAIは、デザインの仕事に使える場面も増えていますね。AIがデザインはどうなるかという例を確認したり、アイデアのバリエーションをたくさん生成できたりするなど、ポジティブな変化だと思っています。

## ブランディングとデザインで誰かの幸せをつくる

最後に読者の皆さんへ。アメリカでデザイナーをしてきて分かったことは、ブランディングやデザインは、表舞台の仕事ではないかもしれないけれど、誰かの幸せをつくる仕事だということ。きれいなデザインが仕事ではなく、クライアントはもちろん、その先の人たちの笑顔を引き出すことが私たちの仕事です。Design for Everyone, Everyday, Everywhere!

WILDE　3E DESIGN　http://www.threee.design

＊参照引用：Ipsos　https://www.ipsos.com/en-us/knowledge/consumer-shopper/five-packaging-design-trends-make-you-buy

75

# 話し掛けるパッケージで魅せる

PROMPT DESIGN社 ファウンダー ソムチャナ・カンワーンジット氏（チャンプさん）

**世界のパッケージデザインを牽引する「PROMPT DESIGN」。世界中のデザインアワードで受賞歴があります。鋭い視点で「話し掛ける」パッケージデザインを作り、企業や商品のメッセージを社会へ、時にユーモアを交えてデザインします。創業者であるチャンプさんにインタビューしました。**

### ――チャンプさん（タイはニックネームが普通）とバンコクで出会って10年です

タイのデザイン業界の先駆者、オラサー先生を介して、ASPaC[*1]事業でのミーティングで出会ったのが最初でしたね。私はパッケージを「話し掛ける」メディアだと考えていて、デザインでどんなメッセージを表現することがその商品を最高に輝かせるか、を常に考えています。

### ――パッケージデザインのリサーチはどのようにしていますか

クライアントから、スニーカー[*2]のブランディングの話が来た時、私たちは最初に世界中のスニーカーを収集しました。スニーカーを買った人が、家で商品やパッケージをどうするかが写っている写真を集めたり、多くの人にインタビューも。そんな中、スニーカー好きな人がスニーカーを箱に入れて家の中に積み上げて飾る、そんな画像をSNSで多く見つけて、スニーカーの箱は魅せる「保管ボックス」でもあることを発見。この発見から、長く使い続ける「コンテナ」へと発想してパッケージをデザインしました。実際のコンテナはとても大きなものです。そこでコンテナ風デザインの箱からスニーカーが出てくるのを写真で見ると、まるで巨大なスニーカーが出てきたかのようで“面白い！”という反響が多く、このプロジェクトは大きな成功を収めました。

*1 ASPaC（Asia Student Package Design Competition）=アジアの学生と、パッケージデザインの楽しさや価値を共有して、若手の国際交流を育む事業 ASPaCは2019年まで開催された。

*2 ADDA https://adda.co.th/en/

## ラベルレスボトルのデザインもアプローチ次第

**——最近のデザイントレンドを感じるような事例紹介をお願いします**

タイで有名な「SPRINKLE」という水のブランドを担当して10年がたち、最近大きなリブランディングを実施。水には地球温暖化と切り離せない課題があって、「SPRINKLE」が果たすべき役割を考えました。世界中の水を集めた結果、ラベルレスボトルのほとんどが、ブランドに起因（集水地の山脈など）するか、きれいなクリスタル調のボトルにロゴを凸凹で表現、そんな感じです。ラベルレスにすることは、ブランドの特性を極限まで絞り込んでボトルだけで表現することですが、どんなプロダクトなのか、を表現した商品ばかりでした。

**——ラベルレスは最近出てきた新しいパッケージで各社手探り状態ですね**

そうなんです。ほとんどが呪縛に囚われているかのような類似したものばかりです。地球温暖化はみんなが考えるべき課題。けれど行動することは難しいのではないでしょうか？毎日飲む水だから気付いてもらいやすいはず、と、温暖化から溶けゆく氷河や極地の氷をダイレクトにデザイン。ボトルを3種類の形状で表現しました。溶けていない、溶けている途中、かなり溶けている、と。今はどの段階なのか、を少し立ち止まって考えませんか、という「話し掛け」をデザインしました。暑いタイでは水は冷えている方が好まれ、溶けゆく氷の表現は涼しげに感じるとともに持ちやすさも兼ねています。ブランドロゴは3種類のデザインにして、溶けゆく氷河を守っていきませんか、という企業からのメッセージを表現しています。

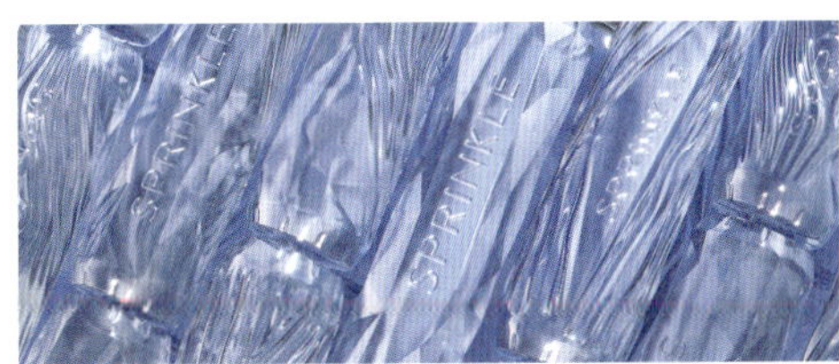

PROMPT DESIGN　M.WATER (SPRINKLE WATER)　https://sprinkle-th.com

**――グローバルメーカーはともかく、中小企業からの依頼だと商品はもちろん企業活動の在り方まで、様々な内容がデザイン相談に入ってきたりしませんか**

タイでは南国なのでドライフルーツなどの商品が多く、市場に出せないフルーツや、野菜を乾燥した商品開発を進める企業から打診がありました。

**――社会から新たに必要とされるために、どんな差別化を打ち出したのですか**

捨てられるはずのフルーツをドライ商品にするアップサイクルな視点があり、良いと感じました。しかし、買う側からすれば、本来捨てられるものが使われているなら安くて当然、少しでも高く感じられればボッタクリだと思うでしょう。そこで、この商品の利益は100%寄付することにしませんか、と提案してみたのです。この商品以外にも様々な商品を販売しているメーカーでしたので、そうすることで、企業のブランド価値を上げることになると確信したからです。メーカーは驚いて声も出ませんでした。

**――商品単体で見ずに、企業全体のブランド価値へと視点を変えたのですね**

はい。この案ではメーカーも購買者も流通も寄付先も、全ての関係者に良いことがあります。企業はブランドイメージがアップしますし認知拡大にもつながります。購買者は寄付行為に共感する「イミ消費」、流通は社会に良いことをする企業の商品を扱うことで信頼感が得られます。メーカーは私の提案を受け入れてくださり、高級スーパーなどで販売中です。「完璧に不完全」。ネーミングもいいでしょ！

## 商品ブランドは海外展開でさらに重要な価値形成へ

**――商品ブランドの海外展開についてチャンプさんはどのように感じますか**

海外展開を進めることは、ブランド成長の機会になります。信頼の証であるMade in Japanも、日本と展開地域両方の視点が必要ですね。日本のブランドそのままで小規模な販売が成功しても、その先の定番化への道は別物と考えた方がいいでしょう。

**――“Made in Japan”で売れたのは随分前の話。今は展開地域の生活スタイルや文化に「合わせる」部分と、ブランド独自の価値として「変えない」部分の見極めが重要です**

グローバル企業を見ていると本当にその通り。ですが、大切なことは大きな企業だからできること、ではなく、海外展開する全ての企業に必要な視点であり、行動です。展開地域の風土や文化や生活に合わせることで、自分たちのための商品だと意識してもらえます。

**――企業、日本、展開地域、この3つをつなぐ「ブランドの翻訳」がさらに重要になります**

日本もタイも国としてそれぞれが持つ良い印象は、企業や商品に付随する価値の一つですが、そこをしっかりと見据えて、有効活用することがオススメです。

## 商品の武器はブランディングとデザイン

最後に読者の皆さんへ。モノがあふれるこの時代に商品を売ることは戦のような厳しい環境です。戦いに持ち込むべき重要な武器は、ブランディングとデザイン。それがうまくいけばいくほど、この状況下でも商品は売れる可能性が高まります。

# 「商品」も「国」も包む

76

BLACK社　共同創業者／クリエイティブディレクター ジャクソン・タン氏

**グローバルビジネスの中心地シンガポールはクリエーティブハブでもある。ジャクソン氏が率いるBLACKは、シンガポールを中心に、商品から国家プロジェクトまで多彩な領域をデザインして人々をつないでいます。**

*1

**——商品から国のプロジェクトまで包む「BLACK」が大切にしていることは何ですか**

私たちは、企業・行政・コミュニティの経済的、文化的価値を“デザイン”します。シンガポールは、世界的な企業が多く多様な文化的背景を持つ人々が集まる“アジア太平洋のデザインハブ”。私たちは、常にそれぞれの文化や考えへの理解と共感を大切にしています。

**——ジャクソンさんがBLACKを創業するまでの経緯を教えてください**

名門「ラサール芸術大学」を卒業、兵役を挟んでデザインやアートのグループをいくつか手掛けました。シンガポール美術館をはじめ世界の美術館で私の作品が展示され、ブランディング・デザイン・キュレーションで価値を生む「BLACK」を創業しました。

私も質問です。日本から見て、シンガポールのクリエーティブはどう見えますか？

*2

**——「伝統」と「革新」の両輪がうまく回っていると思います。土地と共に人々が育んできた「伝統」と、わずか50年で国を作り上げてきた人々の決意が生む「革新」。ジャクソンさんがリブランディングした名店「Violet Oon」からはまさにそれを感じました**

*1　Photographed by Studio W, Wong Jing Wei
*2　Photographed by Stefen Chow

## レストランとパッケージをつなぐ「全体最適」

**――「Violet Oon」は美食家にも評価が高い、文化を感じるお店ですよね。この名店を今の時代に最適化するリブランディングは、どのように進めましたか**

バイオレット・オンさんの娘さんと息子さんと話をすることからスタート。誇りであるシンガポールの食文化、“家紋”を意識したビジュアル開発、中国料理とマレー料理のミックスが生んだ「プラナカン料理」、この3点を起点にしました。

**――シンボルマークはまさに貴族の家紋。真ん中の“VO”サインが効いていますね**

マークは“家紋”としてデザインしました。特別な日やビジネスシーンにもふさわしい、ワンランク上の体験ができる場所を表現するために、プラナカンの伝統工芸から着想してオリジナルで一から描いています。紋様の中にはプラナカン文化の幸運の象徴“パイナップル”もあります。マークの真ん中にバイオレット・オンさんのサイン「VO」を配置して“家紋”として完成しました。

**――洗練されたシンボルマークから派生した多彩な商品パッケージは何がモチーフですか**

例えばシンガポール航空の制服のデザインは、プラナカンの人々が広く着用する「サロンケバヤ」の伝統的な職人技からインスピレーションを得ています。同様に「Violet Oon」商品のパッケージも、各商品の特徴に合わせていますが、プラナカンの紋様を描いた建築物のタイルがモチーフです。「Violet Oon」はシンガポールを代表する食ブランドとして成長を続けています。

＊3

＊3

＊3

＊3

＊3 Photographed by Studio W, Wong Jing Wei

BLACK　Violet Oon　https://violetoon.com

**――商品ブランディングの他にも国家的なプロジェクトのクリエーティブも手掛けているそうですね**

シンガポールに生きる私たちにとって政府からの仕事は、自らのアイデンティティにも関わる誇り高い仕事です。私たちは企業、行政、団体と様々な組織から、コミュニケーションの課題解決につながる依頼を引き受けています。小さな国ということもあり、政府は身近な存在で重要なクライアントであり、仕事を通じてシンガポールのさらなる発展に寄与したいと考えています。私たち一人一人が「シンガポール」という国をつくっている意識があります。

**――その中でも「SG50」はブランディングデザインに強いBLACKならではの仕事です**

シンガポール建国50周年から始まる新しいコミュニケーションを、という政府からの依頼に際して、私たちは、シンガポールという国を“一つの都市”として捉えたコミュニケーションを開発しようと考えました。例えば、ニューヨークが「NY」、ロサンゼルスが「LA」ということは世界共通語ですよね。シンガポールも「SG」として、記憶しやすく記号性が高いビジュアルが良いと考えて、「SG50」が生まれました。シンガポールの愛称“小さな赤い点（Little Red Dot）”から発想を得た赤い丸は、シンガポール人にとっての誇りでもあります。

**――「SG50」は国と国民を包む大きなプロジェクトになり大きな認知を得ました**

本当に小さな国であるシンガポールでは、“小さな赤い点”と自分たちのことを呼んできました。4つの公用語を使用するシンガポールが、ダイバーシティの壁を超えて一つのシンボルマークでつながる、包まれる、そんなイメージで作っています。お札のデザインにも採用されたりと、50周年のシンボルマークは国内外に大きな認知を生み出しました。

＊4



＊4 Photographed by HOPE Technik Pte Ltd

## 愛されるシンボルはみんなの記憶になる

――その後「SG50」は「SG」プロジェクトとして多くの行政機関へ伝播しますね

建国50周年の仕事は、国内外の注目を集めました。コロナ禍に入り、政府と国民とのパートナーシッププロジェクト「SG Together」で国民を勇気づけたいという依頼では、あり得ないスピード感で制作に当たり、政府発表に間に合わせたことも。ちなみに当初と同じ赤丸のデザインは特別な祝い事に、赤リングのデザインは通常使用に、と区別しています。

――最後にAIと、ブランディングやデザインはどのような関係だと考えていますか？

今のところは“役に立つもの”という段階だと認識しています。若いスタッフは、パッケージのモックアップイメージを作るために使ったり、想定外のデザインアイデアの有無などのチェックに使ったりしています。未来はどうなるか分かりませんが、私たちのクリエーティブへのアプローチは人々の営みにとって、今後も必要であり続けると考えています。

## 「Clear is More」は私たちの「文化」

最後に読者の皆さんへ。私たちのモットーは「Clear is More」です。Clear＝明確であることを大切にしていて、“分かりやすさ”とも言えるでしょう。明確で分かりやすいことは多様性あふれるシンガポールの良き文化です。ブランディングは、ストーリーブックを作るようなもの。書き終わっても終わらない“ネバーエンディング”を楽しみましょう。

＊5

＊6

＊5 Photographed by Wolfgang Goebler
＊6 Photographed by Studio W, Wong Jing Wei

BLACK Government of Singapore https://www.gov.sg

77

# 「デザイン経営」とは？

特許庁 デザイン経営プロジェクト 中小企業支援チーム長 菊地拓哉

## 企業の価値を高めるための2つの「デザイン」

「商品ブランディング」に関わる企業や人に、重要な視点が詰まっている「デザイン経営」をご紹介するために、本書では特許庁様に寄稿をお願いしました。

皆さんは「デザイン経営」という言葉を耳にされたことはあるでしょうか？ 2018年に経済産業省と特許庁が公表した『「デザイン経営」宣言』という報告書では、ビジネスの環境が大きく変化し、これまでのやり方が通用しない時代に企業が生き残っていくためには、ビジネスの最上流から「デザイン」に取り組むことが重要だと訴えています。そして、デザインによって企業価値を向上させる経営を「デザイン経営」と名づけ、国として推進していくことを宣言しています。

さて、ここで言う「デザイン」とは何でしょうか？

単に、商品などに格好いい見た目、美しい見た目を与える営みとして捉えてしまうと、いまひとつピンとこないかもしれません。「宣言」の中では、次に説明する2つのデザイン（図1）に着目しています。

1つは、赤い丸で表された「ブランド構築に資するデザイン」です。このデザインは、例えば、商品のパッケージや店舗、ウェブサイトなど、企業と人々をつなぐさまざまな接点で、自社の想いや自社らしさをぶれることなく表現して、人々に伝える営みのことを指しています。

そして、もう1つは、青い丸で表された「イノベーションに資するデザイン」です。このデザインは、人々の行動や生活を見つめて隠れたニーズを捉え、自社の想いや自社らしさを生かしながら、これまでにない新しい商品や事業を生み出す営みのことを指しています。

では、どうすればデザイン経営に取り組むことができるのでしょうか？

宣言では、その形式的な条件として、

①経営チームにデザイン責任者がいること

②事業戦略構築の最上流からデザインが関与すること

の2つを挙げています。これを中小企業の場合に置き換えてみると、例えば、

①経営者自身がデザインに責任を持つこと

②経営のことから商品のことまで、何でも気軽に相談できるデザイナーと協業すること

と言えるかもしれません。

最近では、デザイン経営の支援に積極的に取り組もうとするデザイナーも珍しくなくなってきました。

まずは、そうしたデザイナーの考え方や活動に触れる機会をつくり、パートナーとなるデザイナーを探すことから始めてみてはいかがでしょうか？

図1：2つのデザイン

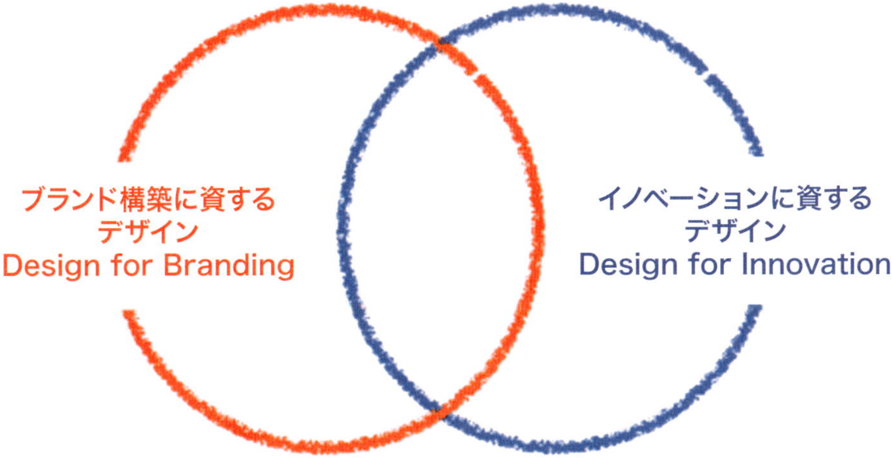

経済産業省・特許庁『「デザイン経営」宣言』(2018)
https://www.jpo.go.jp/resources/shingikai/kenkyukai/kyousou-design/document/index/01houkokusho.pdf

# 中小企業による「デザイン経営」の取り組み状況と効果

前のページを読み、「デザイン経営は大企業が取り組むものでは？」と思った方もいるかもしれませんが、中小企業のデザイン経営に関する調査結果（中小企業庁「2022年版中小企業白書」）を見ると、決してそうとは言えません。下の図2は、デザイン経営の取り組み状況を示すグラフです。これを見ると、デザイン経営に取り組む企業は、全体から見れば限られてはいるものの、従業員の規模に関係なく存在すること、また、今後取り組むことを検討している企業も少なくないことが分かります。次に、右下の図3は、デザイン経営に取り組み、定着している企業が感じているデザイン経営の効果を示すグラフです。さまざまな効果のうち、多くの企業が実感しているのは、上から「企業のブランド構築やブランド力向上」、「魅力ある商品・サービス・事業の創出」、次いで「従業員の意欲や自社への愛着心の向上」となっています。

「そうは言っても、自社にはハードルが高そう。」「具体的なイメージがつかない。」と感じている方もいるでしょうか？

図2：デザイン経営の取り組み状況

資料：株式会社東京商工リサーチ「中小企業の経営理念・経営戦略に関するアンケート」

経済産業省・特許庁『「デザイン経営」宣言』（2018）
https://www.jpo.go.jp/resources/shingikai/kenkyukai/kyousou-design/document/index/01houkokusho.pdf

特許庁のウェブサイト（「特許庁はデザイン経営を推進しています」https://www.jpo.go.jp/introduction/soshiki/design_keiei.html）では、デザイン経営を実践するコツや全国の取り組み事例を紹介した「中小企業のためのデザイン経営ハンドブック1・2」（図4）、自社のデザイン経営の取り組み状況を簡単に診断できるツール「デザイン経営コンパス」などを紹介しています。こうした情報やツールも参考に、まずは最初の一歩を踏み出してみませんか？

### 図3：デザイン経営による効果

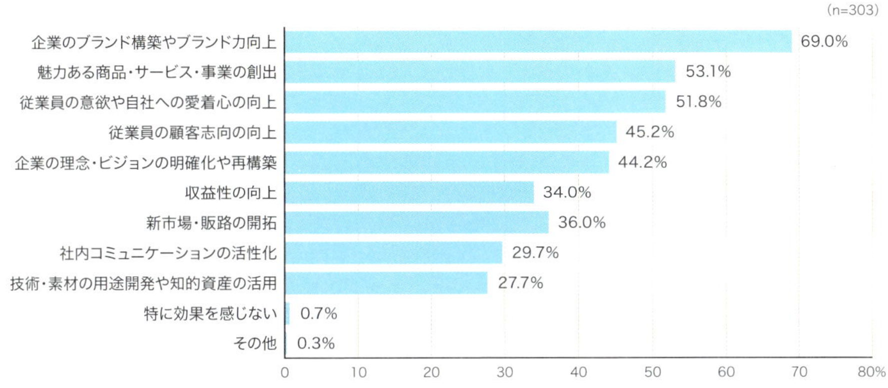


資料：株式会社東京商工リサーチ「中小企業の経営理念・経営戦略に関するアンケート」
（注）1.複数回答のため、合計は必ずしも100%とならない。
2.デザイン経営について、「既に取り組み、定着している」と回答した企業を集計対象としている。

### 図4：中小企業のためのデザイン経営ハンドブック1&2

経済産業省・特許庁『「デザイン経営」宣言』(2018)
https://www.jpo.go.jp/resources/shingikai/kenkyukai/kyousou-design/document/index/01houkokusho.pdf

78

# 「日本」というブランド

独立行政法人国際交流基金 国際対話部 部長 小島 寛之

## 文化や食が生み出す親近感から世界と繋がる

「海外展開」や「インバウンド」などの“国際派商品”。国際派に必要な視点のヒントをいただくために、国際交流を創り続ける国際交流基金様に寄稿をお願いしました。

国際交流基金は、世界各地の人々に、日本についてよりよく理解してもらい、日本と諸外国の間に共感や信頼、好意を育むことを目指しています。

国際交流基金は、1972年に設立された外務省所管の独立行政法人で、「日本と世界を文化でつなぐ」ことを目的に「芸術交流」、「日本語教育」、「日本研究・国際対話」の3つの領域で様々な文化交流事業を行っています。

私が国際交流基金で働きはじめてから30年余りが経ち、日本を取り巻く状況は大きく変化しました。バブル景気を謳歌していた80～90年代に比較し、その後の新興国の急速な発展もあり、世界における日本の経済的な位置付けは相対的に低下しました。しかし、一方で和食やアニメ、文学など日本の文化に親しみを持つ諸外国の人々は大きく増加しています。

農林水産省の調査によれば、日本食レストランは2023年には世界で約18.7万店となっており、2006年の約2.4万店から17年間に約8倍、2021年の約15万9000店と比較しても約2割増加しています※。国際交流基金でも様々な国や地域の人を日本にお招きしていますが、日本食を好きな方が本当に多くなっています。

また、国際交流基金が毎年世界中で実施している日本語能力試験（JLPT）も1995年には国内外の応募者が10万人程度でしたが、コロナ禍による制限が緩和された2023年には応募者が全世界で148万人を越えました※。さらに、1995年に334万人であった訪日外国人数は、2019年には3,200万人に迫る勢いであり、コロナ禍を経た2023年には約2,500万人まで回復しています※。

※1 海外における日本食レストラン数の調査結果（令和5年）の公表について：農林水産省　https://www.maff.go.jp/j/press/yusyutu_kokusai/kikaku/231013_12.html
※2 データで見る日本語能力試験 | 日本語能力試験　JLPT　https://www.jlpt.jp/statistics/index.html
※3 訪日外客数（2023年12月および年間推計値）｜報道発表｜JNTO（日本政府観光局）　https://www.jnto.go.jp/news/press/20240117_monthly.html

## それぞれの土地独自の文化に引かれる

この日本への関心度の高さや魅力はどこから生まれているのでしょうか。もちろん、世界中の文化にはいろいろな特色があり、それぞれが素晴らしいものです。その中でも日本文化は、伝統を継承し今に伝えるとともに、その蓄積の上に斬新な現代文化を生み出していく歴史的な奥行きと、北海道から沖縄までそれぞれの土地で芸能、食文化、工芸など様々な分野において独自の文化を花開かせ育んできた地理的、空間的な広がりの両方が相まって、その多様性は世界に誇るべきものと言ってもよいと思います。

そして、緻密で精密な品質へのこだわりや、例えば、風呂敷や帛紗（ふくさ）など含めておもてなしや感謝の心を「モノを包むこと」で表現することも日本の特徴の一つとも言えるでしょう。

これらはそのまま海外の人たちから見る「日本」というブランドの特性として定着しており、日本品質は「職人技」や「安心安全」がキーワードとして、海外からも評価されていると感じています。

## 事業者と海外デザイナーの信頼関係が視点を開く

このように日本および日本文化に対するポジティブな評価が広がる中、今、世界に向けて、日本発のブランドを打ち出していくチャンスとも言えるのではないでしょうか。国際交流事業の核は、芸術分野であれ、知的交流分野であれ、異なる文化背景を持った人同士の交流と対話です。

国際交流基金も関わった「Door to Asia*」というプロジェクトでは、ASEAN諸国などから新進気鋭のデザイナーを招き、三陸地方の地元事業者の方に引き合わせを行い10日間にわたる日本滞在を通じ、その事業者のモノづくりに対する思いなどを感じ、聞き取った上で、新しい発想でデザインを提案してもらいました。魚やノリなどの水産加工、しょうゆ・酒醸造、菜種油製造、リンゴ農園や宿泊施設まで、アジアのデザイナーは様々な事業者を訪れ、そこにある生活や仕事を自分の目で見、質問や議論を行いながら、理解を深めました。

事業者の方々も最初は、外国人デザイナーに自分たちのことを理解してもらえるか半信半疑だったとのことですが、プロジェクトを通し、デザイナーと強い信頼関係が構築され、地域固有の価値や自らの事業・商品の強みを異なる文化背景を持ったデザイナーの新たな視点から捉え直す契機となり、海外に進出するきっかけとなった例も出ました。

*Door to Asia　https://door-to.asia

## 海外の人たちにどう伝え、どうつながるか

マーケティングの世界では、「モノ消費」「コト消費」から、「イミ消費」（商品やサービスの持つ社会的な価値や文化的な価値を重視した消費行動）への変化が指摘されています。

海外に日本の製品・サービスを展開する上でも、その裏に込められた哲学や思い、さらには世界の人々の共感を得る価値、メッセージ、ストーリーを分かりやすく提示していくことが必要だと思います。

一方、日本文化を伝える上で、クオリティに妥協せず、本物を伝えることは大事ですが、同時に各国の人々の文化や生活習慣などに配慮したローカライゼーションを行うことも、多くの人に受け入れてもらうためには時に必要なことだと感じます。

タイやマレーシアで「ジャパン・フェスティバル」などの日本文化イベントを手掛け、何十万もの人を動員しているユパレート・エークトゥラプラカン氏は、タイではインスタ映えを重視し、料理人のパフォーマンスを写真に撮って楽しむOMAKASEがはやっており、日本の和食店の「おまかせ」とは異なるが、現地のアレンジを否定しないローカライゼーション戦略は、現地の理解を得るために大切で成功の鍵と述べています*。

商品ブランディングにおけるインバウンド対応や海外展開には、このような視点を持って、相互によく理解できるよう努めることが重要ではないでしょうか。冒頭に記した「日本をよりよく理解してもらい、日本と諸外国の間に共感や信頼、好意を育むこと」という目標は商品ブランディングにも通じることと感じます。

＊第28回日経フォーラム「アジアの未来」『文化交流が育てるアジアの次世代』（2023年5月25日）での発言。

79

# “あるある”ここだけの話？

商品ブランディングとパッケージデザイン“あるある”ここだけの話。誰もが通る道も知っておきたい！　けれども実名ではNG！な話です。
メーカーもデザイナーも、お互いの得意分野を伸ばして役割分担を意識すれば、回避できることが多いのですが、なかなかそうも行かない現実があります。

営業でも“あるある”ここだけの話ありました！

公開することは難しい、そんな話は盛りだくさんですがほんの一部を皆さんにご紹介。皆さんご存じの商品ブランドのメーカーやデザイン会社の人たちによる覆面トークです。

なんだか楽しみです！　職場の先輩もなかなか失敗話はしないし。メモしよっと！

どの話も実話なので、匿名とはいえ一部は表現をぼかしています……。

## “新しい”は丸投げ？

トップバッターでいいのか気になりますが……話します。新商品の企画担当さんから“新規事業だからとにかく新しいものを”と打診されて、複数のデザイナーに最低限の必須条件を伝えて自由に新しいものをと依頼。提案はどれも見たことがない“新しさ”を感じましたが、じっと見ていると商品のストーリーを感じることができない提案ばかりでした。“新しい”にとらわれた「丸投げ」だったことが原因ですね。結果、多くの提案が必要なくなり、デザイナーには本当に申し訳ないことをしました。

“新しい”や“高級”や“競合に勝つ”など商品の魅力は？　ブランディングはどこ？なんて依頼は今もある。AIに“新しいブランディング（デザイン）”と打っても答えは出ないし（笑）。

以前はそんな感じの曖昧なこともありましたが、企業ブランドを見直してから、当社ではブランド視点を持っての商品作りが必須になりましたね。

ブランディングもデザインも「丸投げ」案件の提案は、例えばですが、目隠ししてボールを投げるようなものじゃないですか。たまたまいい所に決まればいいけれど、ダメなら、どこへ投げればいいか分からないままやり直しの終わりなき負のループ入り……。

昔いた会社では、丸投げ案件は後々が大変になるのでお断りしていました。けれど、メーカーはずっとそうしてきたらしく、うまく伝わらずお叱りをいただくことも……。

そうですよね。これ以降はブランディングを詰めてからデザイン、に変わりました。

何が・誰にとって・どう新しく、どう生活が変わるか、どんな感情になるかを考える「ブランディング」で商品を“売れる”に導くことは、これからますます重要。

クライアントが以前お付き合いされていたデザイナーは当時有名な方で、オリエンは受けるが全て任せてくれるならデザインは引き受ける、って条件だったらしく。想定外のデザインにメーカー社内はもめたそうですが、結果、良い売り上げを記録。食品なのにシズル写真やイラストはなく、「記憶」になるキービジュアルが新鮮で今もそのデザインが生きています。買ってくれる人たちの視点で見た時に、伝えたい意味や意図を感じる、見える、そんなパッケージ作りを、企業とデザイナーの二人三脚で進めたいものですね。

そんな理想郷はどこに……（笑）

## 売り上げはネーミング次第？　なぜ金色なのか？

ブランディングもデザインも意味がないことはダメですよね。

そう、ブランディングやコンセプトに全てが基づくからこそ。商品名もコピーも素材も印刷も。そして色もフォントもグラフィックも。

全てが1つの根っこからつながり広がることは、商品の魅力を伝える出発点。商品名やロゴで運命が決まるといってもいいほどに重要。

なのになぜかネーミングは軽視されている！　コンセプトも曖昧なのに、ネーミングはメーカーが決めていたり、デザインの発注にネーミングはサービスで、みたいなことも。

うちは全く逆かな。ネーミングは専門会社へオーダーすることもあり、重視しています。ネーミング次第で売り上げがゴロっと変わるイメージもあるし。

ネーミングも色もそんなところありますよね。専務が青色でと言うから青を使いましょう、みたいな。ブランディングやデザインの領域はプロに任せてほしい！

「高級感ある金色で」って依頼があって、金色はどれも高級感あるでしょ！　もう少しイメージを伝えてほしい！

金色の表現は、パッケージデザインの経験がものをいう特殊なスキルの一つで、メーカーのディレクターがそのあたりの知見がある人だったら、デザイナーと理解し合えるし、印刷会社との話もスムーズにいきますよね。

私のクライアントは、そのあたりは違っていて、オリエンから話がかみ合わなくてちょっと嫌な予感がしていました……。

金色は印刷、蒸着（じょうちゃく）生かし（表面に金属物質を加熱・蒸発させて付着させる表面処理）、箔（はく）押しなど、色や表現がかなり多い。

そうなんです、ほんと。検証が必要だってことになって、たくさんのサンプルを作って提案したのですが、資材予算との兼ね合いで最後は金色に寄せた黄土色になりました（笑）。

それはひどい……。
メーカーとデザイナーの相互理解から役割分担することが重要ですね。

## 入稿データは間違い探し？

入稿データのミス、ありますよね。修正が多いものや急ぎ案件に限って最終手前のデータを入稿してしまう、なんてこと。印刷会社の色校正でメーカーが気付いて慌てて再入稿。始末書で収まりましたが、印刷まで気付かなかったら……。考えただけで恐ろしい。

イラストデータが一部ズレたまま気付かず印刷までいったことが……。SNSで「レアものだ」と注目を集めて、なんとかおとがめなしでしたが気付いた時に「終わった」と（笑）。

私はイメージ風に入れた英文の“つづり”が間違っていて誰も気付かないまま、1年後のリニューアルの時に気付いたのです。メーカーさんから「最終校正はメーカーの仕事だから」とおわびされて、なんとも言えないつらい気持ちに。二度とないように入稿データチェックは“間違い探し”感覚＆声出し校正を徹底してから入稿ミスがなくなりました。

ミスしないよう入稿は24時間以上前に指示をもらうようにしています。焦ったり、夜間業務だったりするとどうしてもミスが起きやすいし。

印刷途中で文字間違いにメーカーさんが気付いて、変更費用が1000万円ほど！それでデザイン会社と折半で費用負担しましょう、ってことになった話を聞いたことあります。

怖すぎる!!!　折半って……。

話すほどに“あるある”話は止まりませんが……。
本書ではこのあたりでお開きとします。
商品企画担当、ディレクター、デザイナーなど商品に関わる人たち皆、「商品価値を可視化する」という目的は同じで、そこにはきっと熱い思いもあるはずです。本来の目的にフォーカスすることを忘れず、互いを尊重した連携プレーを心掛けましょう！

# 80 ブランディングは、方法であり、手段でもある

ブランディングでヒット商品をつくる、

ブランディングは商品をブランドにする、

**ブランディング＝目的を達成するための「方法」です。**

ブランディングを基礎から学ぶ、

ブランディングに関わる仕事に就く、

**ブランディング＝あなたを強くする「手段」です。**

さあ、次はあなたの番です。

ブランディングで未来を切り開いてください！

# 終章

# 「?」を「!」に

各ページタイトルの「?」を「!」に

変えて読んでください。

私自身、この業界に入った当初に

「本当?」と感じた中から、

25年の経験を通して「本当だった!」と

確信したことを、タイトルにしました。

# ご協力団体・企業一覧 (2024年3月現在)

## 本書にご協力いただきました皆様に心より深く感謝申し上げます。

**特別寄稿**

**特許庁** https://www.jpo.go.jp/
デザイン経営プロジェクト 中小企業支援チーム長　菊地拓哉様

**独立行政法人国際交流基金** https://www.jpf.go.jp
国際対話部 部長　小島寛之様

**特別協力**

**カルビー株式会社** https://www.calbee.co.jp/
マーケティング本部 オーツ麦部フルグラチーム ブランドマネジャー　大本都子様

**ハウス食品株式会社** https://housefoods.jp
マーケティング企画推進部デザイン企画課 課長　西 朋宏様

**マロニー株式会社** https://www.malony.co.jp
代表取締役　難波克章様

**株式会社ヤクルト本社** https://www.yakult.co.jp

**キリンビール株式会社** https://www.kirin.co.jp
マーケティング部 ブランドデザイン担当　小野雅子様

**京都市** 産業観光局クリエイティブ産業振興室様

**パイン株式会社** https://www.pine.co.jp
開発部課長　木下堅太様
広報部クリエイティブディレクター　井守真紀様

**株式会社ポーラ** https://www.pola.co.jp
ブランドデザイン部アートディレクター　渡辺有史様

**株式会社神宗** https://kansou.co.jp
代表取締役　小山鐘平様

**オージーケー技研株式会社** https://ogk.co.jp
代表取締役　木村泰治様

**株式会社ミルボン** https://www.milbon.com/ja/
開発本部研究開発部 部長　八木真和様
開発本部商品開発部 部長　鈴木 勝様

※特別協力は4章の掲載順に記載。

**国誉商业(上海)有限公司** https://www.kokuyo.cn
執行董事　田畑幸辰様

**平和紙業株式会社** https://www.heiwapaper.co.jp
取締役 大阪本店長　矢野惠一様
販売推進課 チームリーダー　三木有美子様

**ハイケム株式会社** https://highchem-fashion.com
ファッションアパレル部 部長　瀧本英治様

**DICカラーデザイン株式会社** https://www.dic-color.com
取締役 企画制作本部長　水嶋裕次郎様
企画営業本部 カラーストラテジーグループ カラープランナー　後藤史子様

**KNT-CTホールディングス株式会社** https://www.knt.co.jp/ec/tabisurumiraifood/
社長室 チーフリーダー 未来創造事業担当　谷勝 聡様

**株式会社オギノ** https://www.ogino.co.jp

**USHIJIMA DESIGN**
牛島志津子様

**特別インタビュー**

**WILDE社** https://www.wildebrands.com
クリエイティブディレクター　ユージン・ハード氏

**PROMPT DESIGN社** https://www.prompt-design.com
ファウンダー　ソムチャナ・カンワーンジット氏（チャンプさん）

**BLACK社** https://blackdesign.world
共同創業者／クリエイティブディレクター　ジャクソン・タン氏

**協力**

**味の素株式会社**　コミュニケーションデザイン部 クリエイティブグループ　小原 司様
https://www.ajinomoto.co.jp

**ライオン株式会社**　ビジネス開発センター パッケージデザイングループ　吉田 馨様
https://www.lion.co.jp/ja/

**三島食品株式会社**　開発本部部長　重野敦史様　https://www.mishima.co.jp

**一般社団法人ユニバーサルコミュニケーションデザイン協会**
専務理事　武田一孝様　https://ucda.jp

**株式会社イワタ**　第二営業部主任　杉山陽介様　https://www.iwatafont.co.jp

**株式会社電通**　サステナビリティコンサルティング室　林 孝裕様　https://www.dentsu.co.jp

**東京電機大学**　理工学部教授　矢口博之様　https://www.dendai.ac.jp

**USHIJIMA DESIGN**　牛島志津子様

**有限会社小川裕子デザイン**　代表取締役　小川裕子様　http://ogawa-design.com

**株式会社ポーラ**　アートディレクター　渡辺有史様　https://www.pola.co.jp

**株式会社ユニック**　代表取締役　山口隼人様　http://www.nicks.co.jp

**東京工学院専門学校**　非常勤講師　田中彩里様　https://www.technosac.jp

### あとがき
# ブランディングとパッケージは楽しく

最後まで読んでいただき、ありがとうございます。

『売れる「商品ブランディング」の教科書』はいかがでしたか？

「この程度はわかっていたよ」という人も、「ここまでやる?」や「これがブランディング?」な人にも、少しでもお役に立てれば嬉しいかぎりです。

もうすぐ入稿です！と聞くと、これで伝わるのかな、あれも書かなきゃ、なんて、あたふたとしています。教科書＝入門書として何を書くと良いか考える体験は、今までのことを振り返り、これからを考える大切な時間になりました。

こんな私に、いつも素敵な笑顔で応援してくださるODC の石川さんと翔泳社の本田さんを尊敬しています。素晴らしい機会を作って下さったことに心から感謝申し上げます。

ブランディングは1日にしてならず、ですが、本書で少しでも楽しい気持ちになって学んでいただき、実践してみてください。そこから「自分ゴト化」が始まります。そして、社内へゆっくり、じっくり、広めていきましょう。それはあなた方だけの大切な果実となっていきます。

私は、創業から25年経た今も、ブランディングやパッケージデザインを少しでも科学したいと夢見ていますし、この興味が絶えない奥深い仕事に出会えたことをとてもありがたく幸せ者だと感じています。

長く一緒に歩み続けてくれる平塚さんをはじめ会社の仲間がいてこそ、本書を書くことができました。特に、大庭さんは本のデザイン、浅井さんはデータ管理、井本さんはイラスト、そしてインターンの牧野さんはマンガを描いてくれました。本当にありがとう！

本書に快くご協力くださったクライアントはもちろん、海外パートナーたち、そして、いつもサポートしてくれる友人やデザイン仲間、家族にも感謝感謝です。

ブランディングは、人と人の繋がりを作る私の大切なテーマです。

この本から「ブランディング好き」が一人でも増えると嬉しいです。

皆さんにとっても私たちにとってもこの本が「吉祥」になりますように願って。

2025年1月吉日

森 孝幹（レガングループ代表）